当代医学生思想政治教育内容建构研究

The Study of the Contents Construction of the Contemporary Medical Students' Ideological and Political Education

张丽红 著

吉林大学出版社

长春

图书在版编目（CIP）数据

当代医学生思想政治教育内容建构研究 / 张丽红著
.—长春：吉林大学出版社，2019.1
ISBN 978-7-5692-4164-8

Ⅰ.①当… Ⅱ.①张… Ⅲ.①医学院校－大学生－思
想政治教育－研究 Ⅳ.①G641

中国版本图书馆CIP数据核字(2019)第008560号

书　　　名：当代医学生思想政治教育内容建构研究

作　　　者：张丽红　著
策 划 编 辑：黄国彬
责 任 编 辑：官　鑫
责 任 校 对：吕　爽
装 帧 设 计：刘　丹
出 版 发 行：吉林大学出版社
社　　　址：长春市人民大街4059号
邮 政 编 码：130021
发 行 电 话：0431-89580028/29/21
网　　　址：http://www.jlup.com.cn
电 子 邮 箱：jdcbs@jlu.edu.cn
印　　　刷：三河市华晨印务有限公司
开　　　本：880mm×1230mm　　1/32
印　　　张：6.75
字　　　数：150千字
版　　　次：2019年8月　第1版
印　　　次：2019年8月　第1次
书　　　号：ISBN 978-7-5692-4164-8
定　　　价：48.00元

前　言

　　思想政治教育是自有人类以来就有的一项社会化活动，在西方大多数国家这项实践活动称作公民教育。进入阶级社会，思想政治教育的目的更为明确、内容更加规范，不同时代、不同国家思想政治教育的内容因文化背景、历史传统、统治阶级立场不同而有所差异，同一个国家不同时期的主要任务不同、同一时期受众不同，思想政治教育内容因要反映这些现实而有不同。当代中国高校的思想政治教育承担着为中国特色社会主义事业、为中华民族伟大复兴的中国梦培养可靠的接班人和建设者的重任。特别是中国特色社会主义进入新时代，我们比历史上任何时期都更接近中华民族的伟大复兴，在这个冲刺关键期，能否培养出政治立场坚定、思想进步、品德高尚的接班人和建设者是至关重要的。因此，党和国家高度重视高校思想政治教育的发展与功能的发挥。在这样的背景下，如何提升思想政治教育的效度，实现立德树人的目标是当下思想政治教育界集中攻关的课题，而教育效度归根结底体现为"说服人"，"而理论只要彻底，就能说服人"。因此，提升教育效度还要侧重在内容上下功夫。思想政治教育总的宏观内容要与时俱进，不同教育对象的微观内容也要作有针对性的调整。医学生是大学生中的重要群体之一，医学生思想政治教育应当是针对高等医学院校医学生所进行的有针对性的思想政治教育活动，其教育内容应当具有与其他教育对象的思想政治教育相区别的特色。但在实践中，医学生思想政治教育内容无论是在思想政治理论课主渠道的教学内容中，还是在日常思想政治教育渠道教育内容中，几乎没有针对医学生这个特定教育对象、反映医学教育特色的个性内容，其吸引力不足，教育效果不尽人意。以当代医学生思想政治教育内容建构为研究课题，是对思想政治教育内容理论的探索，是提升医学生思想政治教育效度的根本途径之一。

本文以马克思主义立场、观点和方法为指导，根据文献研究总结的理论成果，遵循思想政治教育内容构建规律，采用历史分析方法、比较分析方法、一般系统论方法，从基本概念界定着手，研究医学生思想政治教育内容的历史发展状况，古今中外可供继承、借鉴的医学生思想政治教育内容，分析医学生思想政治教育内容面临的挑战与建构机遇、建构的原则，以内容整合的静态构建、内容具体呈现的动态构建相辅相成完成内容建构。本书研究共分七个章节展开。

第一章，绪论。主要介绍选题的背景与意义，对与该选题相关的国内外理论成果进行综述，说明研究思路与方法、研究的创新之处与不足，初步概括研究情况。

第二章，当代医学生思想政治教育概述。本章界定了医学生、医学生思想政治教育概念，阐述了医学生思想政治教育内容建构的理论依据，即思想政治教育内容理论、教育学、德育内容理论、道德心理发展理论、一般系统论理论及其他相关理论借鉴（话语理论、认同论、传播学理论）等。为后续内容研究做前提铺垫。

第三章，当代医学生思想政治教育内容的发展历程。本研究把当代医学生思想政治教育内容的发展分为初创时期、曲折时期、发展时期三个阶段，在思想政治教育大环境和宏观内容变迁中考察医学生思想政治教育内容的发展变化，分析内容发展趋势，总结内容建构的经验。

第四章，当代医学生思想政治教育内容的借鉴。首先纵向梳理古代中外医学生思想政治教育内容，分析可继承、可借鉴的资源，其次横向概述当代几个国家医学生思想政治教育内容，分析可借鉴资源。为医学生思想政治教育内容建构作资料准备。

第五章，当代医学生思想政治教育内容面对的挑战和机遇。时代发展、医学人才培养、医患关系反思、医学生个人成长需要都对现有内容提出了挑战，同时历史方位转变、意识形态建设、医学教育改革、医患关系修正又为内容建构提供机遇和条件。医学生思想政治教育内容建构面临着现实紧迫性与有利的社会背景、条件。

第六章，当代医学生思想政治教育内容的建构体系。首先分析了内容建构的目标，其次论述了内容建构的原则，最后从基础性内容、医学人文性内容、医学生发展性内容、医患和谐性内容四个方面构建医学生思想政治教育内容的静态体系。这个内容体系还要在具体呈现的实践路径中获得动态建构，才能最终完成内容建构的任务。

第七章，实现当代医学生思想政治教育内容建构的路径优化。通过发挥思想政治理论课主渠道作用、日常思想政治教育的有效运行、落实推进"课程思政"精神及社会实践等其他场域作用，实现内容在实际工作中具体的、动态建构。并从领导体制、队伍建设、财力保障、社会协作四个方面分析了如何保障内容建构的实现以及长远发展。

医学生思想政治教育内容建构的研究以时代的发展为前提和依据，内容应随着时代发展而发展，这是一个没有止境的任重而道远的工作。医学生思想政治教育内容是思想政治教育内容研究的分支，应当有更多的针对不同受众的思想政治教育内容的研究，使思想政治教育内容更好地反映思想政治教育的目的和要求，更准确地作用于教育对象，实现教育效度目标。

目　　录

第一章　绪　论

　　作为学科的思想政治教育始于20世纪80年代，是一门新兴学科，但作为实践的思想政治教育则历史源远流长。有阶级以来就有了有目的、有计划地对社会成员进行思想政治教育的活动，只是各时代、各国家思想政治教育的名称有所不同，本质上都是"社会或社会群体用一定的思想观念、政治观点、道德规范对其成员施加有目的、有计划、有组织的影响，使他们形成符合一定社会、一定阶级所需要的思想品德的社会实践活动"。[1]一般意义上，"思想观念、政治观点、道德规范"就是思想政治教育的内容，"思想政治教育内容在思想政治教育系统中具有决定性的意义，它是思想政治教育系统的第一因素"。[2]不同时代、不同国家思想政治教育内容不同，不同受众的思想政治教育内容也会有所侧重，具体内容有一些非本质的差别，形成各自的教育内容结构。长期以来，中国思想政治教育具体内容过于整齐划一，教育效果差强人意，研究针对不同受众的思想政治教育内容的建构或组织，是提高思想政治教育的吸引力、实效性的根本路径，应当引起思想政治教育理论

---

[1]　教育部思想政治工作司组编. 大学生思想政治教育理论与实践[M]. 北京: 高等教育出版社, 2009:2.

[2]　孙其昂. 思想政治教育学前沿研究[M]. 北京: 人民出版社, 013:306.

界的充分重视。特别是中国特色社会主义进入新时代，中国社会发生了历史性变革，新的时代提出了许多新的要求，思想政治教育责任更加重大，要坚持以习近平新时代中国特色社会主义思想为指导，为新时代伟大征程凝心聚力。高校思想政治教育是重要着力点之一，因高等医学教育直接关系着新时代人民对医疗服务的需要、关系着人民美好生活愿望的实现，医学生思想政治教育成为高校思想政治教育的重点之一，首先应当对医学生思想政治教育内容进行适合医学教育和医学生特点的内容建构，力求其育人功能的充分发挥。

1.1　选题的背景与意义

思想政治教育内容理论是思想政治教育学基本理论之一，思想政治教育内容是思想政治教育工作实践的核心，思想政治教育的目的决定了思想政治教育内容，思想政治教育内容直接决定了思想政治教育的实效性。

1.1.1　选题的背景

（1）提升医学生思想政治素质的根本要求

思想政治教育的个体目标是个人的正常社会化，"是指思想政治教育针对个体所要达到的预期结果，具体说来就是提高个体的思想道德素质并促进科学文化素质、身体心理素质的发展，把个体培养成为适应社会发展需要的人"。[1]思想政治教育的社会目标是为社会培养合格建设者和接班人，社会目标以个体目标为基础，个体目标以社会目标为方向，实际上两个目

---

[1]　郑永廷主编. 思想政治教育学原理[M]. 北京: 高等教育出版社, 2016:177.

2

标都要依赖于个体的思想政治素质的成长。自古以来医学生就被赋予更多的道德责任与义务，良医堪比良相，治病救人的医者与治国平天下的良相同样重要。因此，一般要经过道德和智力的双重考量才能决定一个人是否能够承担医学之重任。当代医学生与一般的大学生在入学时并无差别，超越一般人的思想政治素质要在入学后加以有意培养。同时，医学生还要加强自我修养，方可向着良医方向发展。医学生的思想政治教育不仅是要完成知识传授、一般的价值引导的任务，还要培养医学生对医学职业崇高性的追求，教育学生不是把医学职业仅仅当作生存的手段而是当作事业，不是把医学职业当作攫取利益的手段而是救死扶伤的责任。当下，医学生选择学医考虑的还是职业而不是理想和兴趣，思想政治素质与良医相去甚远，亟待提高。医学生思想政治教育要真正发挥培养良医的作用，教育内容应当真正入脑入心并外化于行，必须从增强内容吸引力入手，构建符合医学教育规律，能引起医学生心理共鸣的内容，从而使学生真正关注思想政治教育内容，进而深入思考政治、思想和道德问题，更进一步授人以渔，达到使学生学会自我反省、自我修身的目的，成长为人格健全的社会主义时代新人。

（2）新时代医学教育发展的内在要求

中国特色社会主义进入新时代，也对思想政治教育提出了新要求和新任务，即要切实提供精神动力，有效发动一切社会力量，共同实现社会主义现代化强国目标和中华民族伟大复兴的中国梦。医学是为全人类做贡献的事业，医学是大民生的全民事业，医学教育关系中国医学的未来发展。医学发展水平不仅表现为医疗技术的进步，更根本的标志是医学人才的现代化。精湛的技术固然是医学人才现代化的一个标准，但并不是唯一标准，思想政治素质是医学人才现代化必不可少的条件，医学生思想政治教育的实效性决定了未来我国医学人才的整体水平。中国医学在技术上不断攀升，医学现代化在技术领域与发达国家相比已经没有太大差距和竞争空间，医疗实践中先进的诊疗设备也不是难以实现的硬件条件，那么，未来的医学竞争就是人的竞争，是人的素质的竞争。"思想道德是人才内在的灵魂和统帅，是人生成长的精神钙质，是顶天立地的人格形象的脊梁"。[1]这一点新加坡人已经给出了验证，新加坡之所以能够从一个岌岌可危的弹丸之国，一跃发展成为亚洲四小龙并保持持续发展，根本原因是有效的思想政治教育形成了国家团结的合力。中国特色社会主义进入新时代，思想文化建设成就斐然，社会主义核心价值观、中国梦已为全社会所高度认同，在此基础上"要以培养担当民族复兴大任的时代新人为着眼点，强化教育引导、实践养成、制度保障，发挥社会主义核心价值观对国民教育、精神文明创建、精神文化产品创作生产传播的引领作用，把社会主义核心价值观融入社会发展各方面，转化为人们的情感认同和行为习惯"。[2]医学教育要培养自觉践行社会主义核心价值观的优秀人才，其思想政治教育承担主要任务。同时，医学生思想政治教育目标相对较高，即要为新时代培养具有高度社会责任感、高尚医德、具有为人民服务精神的医学战线接班人，医学生思想政治教育与医学教育紧密结合，在内容上应当与医学生专业学习对接，紧密联系医学知识，把握医学生和医学教育特点，这样的内容建构既能形成

---

[1] 颜永赋. 论现代人才"核心素质"作用机理与培养开发[J]. 湖南行政学院学报, 2002(2):64.

[2] 中国共产党第十九次全国代表大会文件汇编[M]. 北京: 人民出版社, 2017:34.

医学院校全过程、全员育人，同向同行的思想政治教育格局，又能够实现思想政治教育与医学专业教育的融合，更加有利于实现医学生思想政治教育的效度目标，最终满足新时代医学教育人才培养的需要。

（3）人民美好生活需要的现实诉求

中国特色社会主义进入新时代，社会主要矛盾转化为人民日益增长的美好生活需要和不平衡、不充分发展之间的矛盾。享有更高水平的医疗服务和保障是人民美好生活需要的一部分，而现实矛盾是医疗资源不足与分布的结构性失衡，医患关系紧张，无法满足人民美好生活需要。据原卫生部公布的数据，"目前全国80%的医疗资源集中在大城市，其中的30%又集中在大医院"。[1]可见，医疗资源本身不足，分布又失衡。医患关系紧张，暴力袭医事件屡有发生，《中国医师执业状况白皮书（2018）》显示"38%的医师从未亲身经历过医疗纠纷，62%的医师发生过不同程度的医疗纠纷；在伤医问题上，34%的医师从未亲身经历过暴力伤医事件，66%的医师经历过不同程度的医患冲突，但绝大多数为偶尔的语言暴力（51%）。"[2]解决这些矛盾、满足人民需要必须大力发展医学教育。有计划地逐步增加医学生培养数量，这是解决医疗资源不足问题的根本办法。而医疗资源分布的结构性失衡与医患关系紧张，却与医学生、医务工作者思想政治素质密切相关。医学生缺乏奉献精神，就业偏向大城市，排斥小城镇，导致医疗资源大量集中在大城市；医患矛盾大部分是由医生只见病不见

---

[1] 黄春景. "全国看病中心"折射医疗资源分布失衡[N]. 中国老年报, 2014-5-22(1).

[2] 张师前. 中国医师执业白皮书[EB/OL]. (2018-01-10)[2018-03-17] http: //www. sohu. com/a/215900176_367186.

人的冷漠态度与缺乏责任心引起的。这两者是人民反映最突出的医疗系统的矛盾问题，因此，没有哪个教育领域的思想政治教育比医学生的思想政治教育与人民需要更加息息相关。党的十九大明确提出"健康中国战略"，这一战略的实现不存在技术障碍，而是有赖于医德医风全面好转、医患关系全面恢复到应然状态。在医学生的思想政治教育工作中，简单的说教已经抵不过物质利益的诱惑，空洞的口号也难以说服学生，要把理想、信仰根植在医学生的观念中，还是要从思想政治教育内容着手，在理论的彻底性上着手，理论只要彻底就能说服人。同时，医学生思想政治教育内容还应吸纳、融合医学人文教育的内容，突出医德意识培养与行为养成，筑牢医学生的职业道德基础，使之全心全意服务于人民的卫生健康事业。

1.1.2 选题的意义

医学教育既是人文教育又是科学教育，因技术主义主导，医学教育长期淡化人文性。在这种医学教育理念的影响下，在中国医学教育界，包括思想政治理论课在内的人文社科类内容被轻视，思想政治教育在实践中实效性欠缺。在当代医学教育界大力倡导和彰显人文教育的背景下，中国医学生思想政治教育的作用凸显，应当承担人文教育的大部分内容，并能够超越人文教育的目标。但医学生思想政治教育内容长期以来与其他大学生并无二致，既没有明显的针对性也无法更多地实现人文教育目标。以思想政治教育目标为指引，在思想政治教育宏观内容一致的前提下，构建医学生思想政治教育内容，对医学生思想政治教育达成教育目标，提升医学生人文素质水平具有重要的理论和实践意义。

（1）丰富和发展思想政治教育基础理论

思想政治教育内容研究是思想政治教育学理论的重要分支，"思想政治教育内容是思想政治教育系统的一个基本因素，是思想政治教育目的和任务的具体化"。[1]思想政治教育内容承载着教育的目的和任务，决定了思想政治教育目标和任务的实现。切实实现思想政治教育的目的，关键是要全面把握思想政治教育宏观内容，并根据具体教育对象选择、组合具体教育内容。中国当前的思想政治教育内容，特别是高校的思想政治教育内容，严格以教科书的原则性内容为边界，把主要内容当作全部内容，将知识内容当作精神信仰内容，把普遍性内容当作个性化内容。思想政治教育个性化内容研究薄弱，在内容理论研究方面只有几部权威的思想政治教育学原理著作对当下思想政治教育的内容作了原则性阐述，尤其缺乏对教材内容的深度解读和逻辑建构，缺乏对现实问题的回应，缺乏因材施教内容的研究。无论是课堂主渠道思政教育还是日常思政工作实践，千篇一律的教育内容教育效果无法令人满意。本课题在已有理论研究成果基础上研究一类教育对象即医学生的思想政治教育内容，研究应用哪些适合医学生特点的具体内容呈现思想政治教育的宏观内容及其具体安排。通过对思想政治教育内容研究的细化和深化，反映思想政治教育内容发展的时代性要求，发展思想政治教育内容理论，丰富思想政治教育基础理论。

（2）推动行业类院校思想政治教育内容的研究

高校青年学生是青年中的精英和未来社会主义建设的中坚力量，是思想政治教育对象的重中之重，高校思想政治教育

---

[1] 陈万柏,张耀灿.思想政治教育学原理[M].北京:高等教育出版社,2007:175.

关系到高校培养什么样的人，如何培养人以及为谁培养人这个根本问题。因此，针对高校特定教育对象研究思想政治教育内容的构成具有更加现实的意义。作为行业类院校之一的医学院校，医学生身系人民的生命健康，其思想政治教育较其他学生意义更为重大。整合建构医学生思想政治教育内容是对中国特色社会主义新时代党和人民对医学生思想政治教育和医学教育要求的回应。长期以来，高校思政教育的内容过于整齐划一，高等医学院校与其他行业类院校一样并没有被加以区分提出个性化内容要求。教育部2016年重点马克思主义学院和重点教学团队项目的重点课题中列出了"行业类院校思想政治理论课建设研究"的项目，这是官方首次关注思想政治教育的个性化问题，当年该项目中标三项。着手探索行业类院校思想政治理论课课程建设，表明教育行政部门对行业类院校思想政治教育特殊性的认识正逐步深化。行业类院校的思想政治教育具有一定共性，本课题虽然是对医学生思想政治教育内容的个性研究，但个性中包含着共性，在一些共性内容和内容设计思路方面对其他行业类院校具有启发意义，从而推动行业类院校思想政治教育内容的深入研究。

（3）有利于实现医学生思想政治教育目的

尽管知识认知是教育的前提和基础，但思想政治教育目的并不是一般性地满足学生的知识性需求，也不是一般性地向社会提供有多少思想政治理论知识含量的人才，其真正目的是要学生内化正确思想政治信仰，外显正确的思想政治行为，这是合格的社会主义建设者和接班人最重要的条件。在教育实践中，学生对思想政治教育的轻视，甚至反感是普遍现象，大多数思政课教师都感觉到课难上，思政工作者都觉得工作难做，在授课形式、社会实践活动方面想了许多办法，教育部推广了许多创新方法，因各校情况不同还未有哪一个方法普遍推行开来。形式最终还是要通过内容发挥作用，思想政治教育实效性差的主要原因是内容的魅力不够，"理论只要彻底就能说服人"，学生对思想政治教育的排斥主要是因为学生认为思想政治教育的内容对他（她）"没有用"，思想政治理论课不能吸引，进而影响他们，因此提高思想政治教育的实效性还应在内容上着手。同时，在医学院校的日常思想政治教育工作中"以管代教"的现象比较普遍，大多重学生日常行为规范，轻思想动态掌握，虽然这是由多种原因造成的，但日常思想政治教育内容不完善、不系统是一个重要原因。因此，要特别加强医学生思想政治教育内容的研究，通过内容的建构，使医学生思想政治教育的内容与学生的思想情感产生共鸣，唯其如此才能通过各种途径和方法实现思想政治教育目标和效果，增强医学生思想政治教育的效度，从而满足学生职业发展需要，满足社会对医学人才的期望。

（4）有利于突破思想政治教育简单、单向灌输的固有思维定式

思想政治教育的意识形态性质和简单灌输方法的长期使用，使社会上对思想政治教育形成了只是国家单向要求的印象，教育者、受教育者概莫能外，而在社会思潮多样化的今天，强制学习和简单灌输受到了挑战。灌输理论是列宁《怎么办？》一文中的核心思想，列宁指出，"工人本来也不可能有社会民主主义的意识。这种意识只能从外面灌输进去，各国的历史都证明：工人阶级单靠自己本身的力量，只能形成工联主义的意识，即确信必须结成工会，必须同厂主斗争，必须向政

府争取颁布对工人是必要的某些法律，如此等等"。[1]因此，要把阶级自觉意识从外部灌输给工人。对灌输理论的理解，有学者认为"'灌输'既是思想政治教育学的一个主要的范畴，又准确揭示了思想政治教育的本质"。[2]马克思主义理论研究和建设工程重点教材《思想政治教育学原理》持同样的观点，认为"灌输"是思想政治教育的本质。因而把"灌输"仅仅理解为思想政治教育方法，等同于"填鸭式"，遇到了不小的挑战和质疑。从学理上解释"灌输"，解除误会是必要的，但从内容建构着手，使思想政治教育内容契合受教育者的内心需要，把国家、社会对受教育者的要求转变成受教育者的自觉需求，则可以比较快地改变人们的观念，突破对思想政治教育单向、简单灌输的思维定式。

此外，医学生思想政治教育内容建构研究在实践上要指导医学生思想政治教育工作，提高其实效性。医学生虽然是大学生中的一个特殊群体，但与其他大学生具有相似的政治水平、文化底蕴，处于同一时代背景之下，对医学生思想政治教育内容建构的有益经验对其他院校的同类工作必然有借鉴意义。

1.2　国内外研究综述

思想政治教育内容理论是思想政治教育学的重要组成部分，思想政治教育内容是思想政治教育实际工作的核心。作为社会实践的思想政治教育由来已久，有了阶级国家就有了思想

---

[1]　列宁. 怎么办？[M]//列宁. 列宁选集: 第1卷. 北京: 人民出版社, 1995:328.

[2]　刘书林. 论思想政治教育的本质——坚守"灌输论"的缘由[J]. 思想理论教育导刊, 2012(10):43.

政治教育；作为一门科学的思想政治教育却产生于20世纪80年代的中国，在思想政治教育实践基础上产生的这门科学在中国叫作思想政治教育学，对思想政治教育内容的研究也随着学科地位的确立而逐渐深入。国内外关于思想政治教育内容的研究相对较多，对医学生思想政治教育总体进行研究的成果较少，专门研究医学生思想政治教育内容的成果较为鲜见。全面梳理已有的研究成果，分析研究发展趋势，是本文研究的前提。

1.2.1 国外研究综述

因国外不使用思想政治教育这个词汇，以公民教育、医德教育和医学人文教育为关键词在中国知网进行了文献检索，以"civic education"为篇名精确检索，共检索自1910年至2017年共347篇文献，未见直接包含"content of the civic education"篇名的文献。以"medical moral education"为篇名进行检索，检索到31篇文献（1981—2017年）；以"medical humanities education"为篇名进行检索，检索到92篇文献。均未见直接以"内容"为篇名的成果。

（1）关于公民教育研究现状

公民教育是西方国家对思想政治教育的通称，在不同时期学者研究的重点不同。20世纪20年代到70年代，研究教育内容和社会作用的比较多，之后研究公民教育史的比较多，全球化背景下研究发展中国家公民教育成为新的切入点。公民教育的研究成果、研究方向不是很集中，大概有公民教育计划研究、公民教育途径和方法研究、公民教育的社会作用研究、公民教育历史研究（包括德国、美国、日本）、发展中国家公民教育研究等等。代表性论文成果有The Instructed

Citizen： Civic Education in The United States During the Nineteenth Century（Michael V. Belok）、Civic Education for Sustainable Development and its Consequences for German Civic Education Didactics and Curricula of Higher Education（Andreas Brunold）、The Nature and Status of Civic Education in the United States： Looking at The Civic Mission of Schools'Six Promising Pedagogical Practices（Avery Patricia G.）、To Practice What One Preaches： Deepening Civic Education（Eric Bain-Selbo）、Civic Education Among College Students： A Case Study（Emmanuel Oritsejafor）、The Present Situation of Political Socialization and the Innovation of Civic Education in U.S.A（Ito R.）等。代表性著作有：《公民教育要义》（Georg Kerschensteiner）、《公民教育史》（Heater D.）、《公民教育与现代国家》（Kerry J. Kennedy）、《以公民教育为中心》（Jan Umphrey）等。具体涉及公民教育内容研究的有，研究公民教育的宗教内容，如Church and Civic Education（Graham Taylor）、Religious Education and Civic Progress（Harry Pratt Judson）。宗教教育是西方公民教育传统的重要内容，宗教对公民成长意义重大，其内容根据时代发展不断调整；研究公民教育内容时代性改变，关于美国公民教育内容的研究还比较集中，主要是研究早期的道德、宗教、爱国主义教育，后发展到强调公民政治参与意识的培养，为把移民后代美国化，国家认同教育是公民教育的重要内容，等等，如What about Civic Education?（Alma Childers）、The Changing Faces of Civic Education（Catherine Cornbleth）。大学公民教育的内容是由社会科学课程呈现并随着时代的发展而变化，"20世纪之前，美国大学的社会科学课

程限于欧洲和美国的历史，之后更多的社会科学科目流行起来并进入大学的课表中"。[1]但对高校尤其是专门针对高等医学教育的公民教育内容的研究没有见到直接的研究成果。

（2）关于医德与医学人文教育研究现状

国外发达国家医学教育历史较长，医学教育模式较为成熟。在医学生入学门槛较高的医学院，政治思想教育在进入医学院校前已基本完成，医学院校大多突出医学生人文精神和医德培养，开展多种课内外形式的人文教育。在学制比较长的医学院，思想政治教育与医德、医学人文教育同时开展，教育内容由人文社会科学课程呈现。相关研究成果的观点有：通过人文教育使学生认识到如何做一个好医生，如*The Moral Education of Medical Student*（Robert Coles，MD）、*Moral Regression in Medical Students and Their Learning Environment*（George Lind）、*American Medical Education 100 Years after the Flexner Report*（Molly Cooke，M.D.，David M. Irby，Ph.D.）；认为通过隐性课程和无明显界限的内容开展医德教育更为有效，如The Hidden Curriculum，Ethics Teaching，and the Structure of Medical education（FREDERIC W.HARFFERTY.RHD）；研究医学生医德影响因素及从哪些内容着手对学生的医德养成进行干预更为有效，如*Supporting the Moral Development of Medical Students*（William T. Branch，Jr.，MD）。自哈佛首开先河之后，一般医学院校都建有较成熟的通识课程体系，在内容的研究方面更加细致，有学者开始关注对教育的有效性和医学生医德水平评价的研究，如*Changes in Students' Moral Development during Medical School: a Cohort Study*（Johane Patenaude，

---

[1]　Wayne C. Malone. Civic Education[J]. Peabody Journal of Education, 1968, 46(2):110.

Theophile Niyonsenga，Diane Fafard）、*The Development of a Brief and Objective Method for Evaluating Moral Sensitivity and Reasoning in Medical Students*（Akira Akabayashi）。另外，国外医学生医德教育很注重实践内容，学生在临床学习的时间较多，直接面对真实情境，获得最真实的道德体验。

1.2.2　国内研究综述

关于思想政治教育内容和医学生思想政治教育内容研究成果综述。

通过在中国知网进行文献精确检索，从知网收录的1987年第一篇相关文章始，截止到目前，以"思想政治教育内容"为题的期刊文章共计318篇；其中从知网收录的2003年第一篇相关博士论文始，截止到2017年底，以"思想政治教育内容"为题目的博硕士论文39篇，其中博士论文3篇；关于"思想政治教育内容"的著作有《思想政治教育内容结构论》（熊建生）、《高校思想政治教育内容新论》（孙雁）、《中国共产党思想政治教育内容体系的发展与构建》（周湘莲）；包含思想政治教育内容探讨的教材专著有《思想政治教育学原理》（陈秉公）、《思想政治教育学原理》（陈万柏、张耀灿）、《现代思想政治教育学原理》（杨绍安）、《思想政治教育学原理》（靳玉军、周琪）、《现代思想政治教育学》（郝文清）、《思想政治教育学基本原理》（孙其昂）、《思想政治教育学原理》（罗洪铁）等；以"医学生思想政治教育"为题的期刊文章有27篇（1994—2017年），硕士论文4篇（2010—2017年）。以上文献均未有直接的医学生思想政治教育内容的研究成果。

　　众多的研究成果的主要研究内容集中在思想政治教育内容构成研究、思想政治教育内容创新和结构优化研究、比较研究、历史研究、特定群体思想政治教育内容研究等方面。

　　（1）思想政治教育内容构成研究

　　"思想政治教育是指社会或社会群体用一定的思想观念、政治观点、道德规范对其成员施加有目的、有计划、有组织的影响，使他们形成一定社会、一定阶级所需要的思想品德的社会实践活动。"[1]根据思想政治教育的这个定义，思想政治教育的内容就应当是思想观念、政治观点和道德规范所辖的相应内容，以此为共识的基础上，有以下研究侧重和观点：

　　关于思想政治教育内容的原则性构成。由陈万柏、张耀灿主编的《思想政治教育学原理》将思想政治教育内容划分为世界观教育、政治观教育、人生观教育、法治观教育和道德观教育；由陈秉公主编的《思想政治教育学原理》将思想政治教育内容分为世界观教育、政治观教育、人生观教育、道德观教育、法制观教育、创造观教育和健康心理教育；由杨绍安主编的《现代思想政治教育学原理》将思想政治教育内容分为世界观与人生观教育、道德观与价值观教育、政治观与法制观教育；等等。这些教材列出的思想政治教育的内容基本一致，奠定了思想政治教育内容理论的基础，也正因如此，对思想政治内容的研究不如方法类研究进行得深入。但这些内容划分实际上是一种宏观指导，或者说是宏观上对全面思想政治教育的内容的要求，具体承载内容确实需要研究，特别是针对不同教育对象，在内容的编排上应有所侧重。

　　关于思想政治教育内容构成的依据。有学者认为，思想

[1]　陈万柏, 张耀灿. 思想政治教育学原理[M]. 北京: 高等教育出版社, 2007:4.

政治教育内容还没有形成科学化、系统化、规范化的体系，具体表现在三个方面：一是理想化和泛政治化，二是缺乏稳定性和连续性，三是缺乏层次性。因此，把思想政治教育内容确立和完善的依据作为基本的出发点和着眼点，实现思想政治教育内容整体构建，成为思想政治教育内容研究的一个重要的突破点。有学者认为，应依据一定的社会客观要求和受教育者的思想实际，以"有理想、有道德、有文化、有纪律"为根本目标，根据社会的性质、发展阶段、变动特点，遵循人性、公民性、职业性、民族性和阶级性的目标，针对受教育者个性心理和思想品德发展水平，构建思想政治教育内容。也有学者认为，思想政治教育内容确立的依据主要有：思想政治教育目标决定思想政治教育内容的性质，教育者身心发展特点和思想政治品德发展规律制约思想政治教育内容的深度和广度，形势的要求和受教育者的思想实际情况制约思想政治教育内容的针对性。党的十六大提出以人为本的全面协调可持续的科学发展观后，"以人为本"成为思想政治教育内容确立的重要理论和现实依据。

有学者认为，思想政治教育内容体系的构建主要包括五个方面：以尊重人、关心人的需要，特别是精神需要为逻辑起点；以不断提升人的精神品位、丰富人的心灵世界为价值取向；以唤醒人的主体意识和塑造独立人格为本质特征；以培养人的伦理情操、完善人的道德境界为核心内容；以建构精神家园、引导人的终极关怀、促进人的全面发展为最终指向。同时，思想政治教育内容确立依据的研究，也出现独特的视角。有学者认为，确定思想政治教育的内容，不仅要根据教育目的和教育对象的具体特点，还要着眼于人的思维过程、思维定律的要求。有学者基于对思想政治教育有效内容的研究，提出有效思想政治教育内容应该具备真理性、真实性、先进性、精确性、透彻性、契合性等特征。有学者提出思想政治教育内容确立的原则应遵循科学性与主体性相结合的原则，现实性与理想性相结合的原则，社会本位与个人本位相结合的原则。

关注思想政治教育内容确立与完善的依据的研究，证明了关于思想政治教育内容的研究，在坚持社会主义意识形态、马克思主义理论灌输这个基本原则的同时，学界及教育实践都极力要求反映社会时代特征的新要求。

关于思想政治教育具体内容构成，学界对此进行了较为充分的讨论。沈壮海认为思想政治教育内容，即思想政治教育活动中教育者所传递给教育对象的思想政治观念，是连接思想政治教育者和教育对象的信息纽带，是蕴含教育目的的载体，是构成思想政治教育关系的基本因素。其表现形态分为两个层面：第一个层面即特定的社会和阶级所要求、所确定的思想政治教育内容；第二层面即在具体的思想政治教育活动中，教育者根据相应的教育目的，按照教育规律的要求，对教育内容进行组织、编制，以利于教育活动的开展。王立仁等认为思想政治教育内容其一是价值体系教育（包括马克思主义指导思想、中国特色社会主义共同理想、以爱国主义为核心的民族精神和以改革创新为核心的时代精神、社会主义荣辱观、社会主义核心价值观），其二是规范体系教育，其三是对象需要体系教育，其四是现实问题体系教育。陈晓雯等认为思想政治教育内容应有国家层面的思想政治教育内容（包括马克思列宁主义、毛泽东思想和不断发展的中国特色社会主义理论体系教育，基本国情、党的基本路线和形势政策的教育，社会主义核心价值体系教育，以爱国主义为核心的民族精神教育和以改革创新为核心的时代精神教育）、社会层面的思想政治教育内容（包括社会道德教育、法纪教育）、个体层面的思想政治教育内容（"三观"教育、情商教育、心理健康教育）。王哲、赵坤等认为思想政治教育内容应包括现实化的传统思想政治教育内容（包括一是世界观、人生观、价值观教育，二是爱国主义、集体主义、社会主义教育，三是社会公德、职业道德、家庭美德教育，四是法制教育和心理教育）、时代化的新兴思想政治教育内容（包括生命伦理教育、心理教育、法制教育、网络教育）。黄琼、陈谦等认为思政教育内容有思想政治理论教育（包括马克思主义理论教育、"三观教育"、爱国主义教育）、道德法制教育、心理健康教育、就业指导教育。

对思想政治教育内容研究影响比较大的成果是武汉大学熊建生教授的专著《思想政治教育内容结构论》，他认为思想政治教育内容是根据一定的社会要求和受教育者的思想实际，经教育者选择设计后有目的、有步骤地输送给受教育者的一切信息，将内容分为思想政治教育的基础性内容（包括传统美德教育、公民道德教育、爱国主义教育、艰苦奋斗精神教育）、思想政治教育的主导性内容（包括思想理论教育、理想信念教育、民族精神教育、社会主义荣辱观教育）、思想政治教育的拓展性内容（包括诚实守信教育、心理健康教育、创新精神教育、生态道德教育、国际意识教育）三部分。该著作在思想政治教育内容构建的依据与原则方面都做了深入的阐述，受到了学界的积极肯定，张耀灿、杨威、韦诗业、余仰涛、罗洪铁、王占峰、刘建军等纷纷撰写书评，赞誉有加。

综上，除了马克思主义理论、"三观教育"、道德法治规范教育、党的理论政策教育外，心理健康教育备受关注，成为思想政治教育内容的重要组成部分，这些思想政治教育内容的研究多是从分类标准着手将具体内容分别归类来确定内容体系，特别是熊建生教授的分类使思想政治教育内容的构成具有相对的开放性，更能体现思想政治教育内容的时代性和差异性。思想政治教育一般是指学校中对学生的思想政治工作。不同学段的学生身心发展特点不同，思想政治教育内容的一般性规定至少应根据不同年龄的学生而有所区别，这方面的研究只见到郑敬彬的博士论文，学者们的研究兴趣不高。

（2）思想政治教育内容创新与结构优化研究

学界对内容结构优化和内容创新展开了积极的讨论，旨在发展思想政治教育内容的时代性和科学性。骆郁廷论述了政治主导型、思想主导型、道德主导型、心理主导型几种思想政治教育内容结构，认为思想政治教育结构优化应突出思想政治教育核心内容，完善思想政治教育内容体系，实现思想政治教育内容更新。吴军安从主体间性哲学思维的角度探讨了高校思想政治教育内容改革的路径，包括教材内容的编写应有学生和一线教师的积极参与；思想政治教育的内容应生活化；思政教育的内容不仅要注重国家和社会的需要，也要更多兼顾学生的自身需要；高校思想政治教育的内容应因人而异，体现出差异化。朱海从系统论角度提出思想政治教育内容结构优化路径。林华、许媛从新媒体时代的角度探讨了思想政治教育内容结构优化等等。

李书吾从大众文化着手研究思想政治教育内容体现时代性的创新；李林伟认为思想政治教育内容应包含生命教育。更多的学者探讨的都是高校思想政治教育内容的创新，有的学者从丰富改进内容的角度论述，如刘奇、金桂琴等以社会主义核心价值观引领思想政治教育内容创新，赵勇认为内容创新应把民族精神、时代精神和和谐社会精神教育纳入思想政治教育；有的学者从创新路径角度论述，如石沁禾认为思想政治教育内容创新应从教育的具体内容与总体目标相统一，教育方式的本土化与国际化相统一，教育结构的完整性与层次性相统一，教育形式的多样化与差异化相统一四方面入手；其他还有具体内容应突出诚信教育、生命教育，增加实践内容等主张。

从现有的研究成果看，研究者多为高校教师，研究的范围多限于高校，一部分研究者将一些新的内容加入思想政治教育中就视为创新，实际上有把思想政治教育内容泛化的风险。另外，这些优化和创新都还缺乏可操作性，务虚性质的论述多，可供实际操作的方案少。

（3）思想政治教育内容比较研究

进行中外思想政治教育内容比较研究是借用"他山之石"的直接办法，尽管在思想政治教育学科称谓和教育实践的内涵概括上中外不同，但并不影响作内容比较。在比较研究中，虽然有中英对比、中新对比，但主要还是中美比较。马旭卓、何明芳、杨晓岑、王雪、赵雯对中美思想政治教育内容作了初步比较，中美思想政治教育相同的内容有法治教育、道德教育、爱国主义教育等；不同点是宗教教育在美国思想政治教育中占有重要地位，在价值观上美国倡导个人主义教育，中国倡导集体主义教育。儒家文化圈内的思想政治教育差异不是很大（刘俊利《中新两国思想政治教育内容比较探微》）。比较研究要求占有丰富的一手材料，受语言、资料来源、地域的限制，目前的比较研究还比较薄弱，还没有看到相关著作，现有成果还缺乏理论深度和信度。

（4）某一特定受众思想政治教育内容研究

对某一部分受众的思想政治教育内容的研究已有起步，但成果不多，如：刘静对免费师范生思想政治教育内容的研究，论述了基础性内容和特色内容；黄钰对大一新生思想政治教育内容的研究，认为应开展大学精神教育、适应教育、社会主义核心价值观教育、心理健康教育和人生规划教育；王华斌对硕士生思想政治教育内容进行了研究，分析了现有教育内容并论述了如何进行内容创新；黄晓对警察类院校学生思想政治教育内容进行了研究，认为应突出奉献意识和忠诚意识教育；常卫恒对新疆大学生思想政治教育内容进行了研究，认为应加强认同教育、民族团结教育、宗教教育及反分裂教育等等。这说明有学者已经注意到教育对象的不同，教育内容也应当有差异。对某一特定群体思想政治教育内容的研究正处在探索阶段，成果较为分散，针对的对象有限。尽管如此，这个方向的研究应当是思想政治教育内容研究的可持续发展的理论生长点。

（5）思想政治教育内容的发展进程研究

发展进程就是对思想政治教育内容的历史考察，从现有的成果来看，基本上是对改革开放以来思想政治教育内容快速发展进程的梳理。田青峰、王书侠、何海荣、兰宏伟、周伟音等各自从大学生、高校的角度对思想政治教育内容发展的阶段、取得的成就、存在的问题进行了论述，对经验进行了分析。一般把三十年的发展分作四个阶段，即以马克思主义基本理论和共产主义德育为核心内容的复苏阶段（1978—1986），以坚持四项基本原则、反对资产阶级自由化教育为重点内容的阶段（1987—1992.10），以爱国主义、集体主义和社会主义教育为主要内容的阶段（1992.10—2002），以社会主义核心价值体系为中心内容的阶段（2002—至今）。这些研究比较系统地总结了改革开放以来这一阶段思想政治教育内容的发展变化情况，反映了不同时期思想政治教育工作的重点和时代发展的要求。但研究成果中大多缺乏对每一阶段、每一变化的社会背景和产生条件的分析，而且应加强思想政治教育内容发展史的研究，包括古代史、马克思主义思想政治教育史等。

（6）医学生思想政治教育研究

虽然缺少医学生思想政治教育内容的研究成果，但围绕"医学生思想政治教育"开展的研究不乏力作。如《医学生思想政治教育实效性研究》（李凤英）、《医学生思想政治教育现状及影响因素研究》（佟晓琼）、《医学生思想政治教育创新模式研究》（牛奔）、《医学生思想政治教育与人文精神耦合路径研究》等。相关研究成果多是从方法角度探索如何对医学生进行思想政治教育，看到了医学生对思想政治教育的特殊要求，有诸多有益探索，但未见对内容的系统研究。

关于医学人文教育及其与医学生思想政治教育关系研究

通过中国知网进行精确文献检索，以"医学人文教育"为篇名的文献从1998年至2017年共有374篇，其中硕士论文2篇，《高等医学院校医学人文教育模式研究》（王乾）、《医学人文教育制度构建的探索与研究》（郁荣华）；医学人文教育相关著作有《医学人文十五讲》（王一方）、《医学人文讲演录》（陈晓红）、《医学与人文研究》（黄照权）、《医学人文学导论》（张大庆）、《医学人文素质与医患沟通技能》（刘惠军）、《医学人文与临床实践》（张兴儒、石晓兰）、《医学人文学概论》（何伦、王小玲）等。

从现有的研究成果来看，研究的内容主要有医学人文教育的必要性研究、医学人文教育的困境及对策研究、医学人文教育比较借鉴研究、医学人文教育的具体内容研究等。

（1）医学人文教育的必要性

学者们对于医学人文教育的必要性具有高度一致的认识，认为医学回归人性是对近代以来技术主义的反思，医学教育应开展医学人文教育。陈晓阳、曹永福认为"重视'人文属性'是古老的医学传统"，张金钟认为"医学的人文科学性质的凸显与医学模式的转换直接相关"。有的学者从医学实践人性缺失角度反证医学人文教育的必要性，如郭照江认为"来自医学实践的呼声"急切需要"人文精神的培养是核心要求"的医学人文教育。医学发展需要具有良好医学人文精神，自觉进行医学人文关怀的医学生，医学教育确实应重视医学人文教育。

（2）医学人文教育的困境与对策

关于此问题，王振方、梁莉认为文化环境闭塞，人文氛围欠缺，学科建设不完善，课程结构不合理是医学人文教育面临的重要问题；陈默认为医学人文教育面临理论教育与实践教育相脱节，学科交叉困难，医学人文教育定位不准等诸多困境；苏强等认为医学人文教育存在政策内涵模糊，课程规划失范，研究碎片化等突出问题。学界一致认为医学人文教育课程设置和学时安排不合理，教育者和受教育者观念未彻底转变，人文教育要求未到位，师资力量参差不齐等问题普遍存在。其他问题，如未有统一的教学要求和规划、各自为政也比较突出。如何应对目前的困境，多数学者给出了具体办法。关于构建医学人文教育模式，冯凤莲等提出以立体网络式模式，即校园文化建设、专业课渗透、人文课程体系、学术讲座、社会实践等途径进行医学人文教育，王乾提出的课程体系、实践体系、保障要素模式，关于某种资源或方法应用于人文教育，如大医精诚理念的应用、叙事医学的应用、传统医德的应用、慕课的应用、社会工作方法的应用、文化管理方法的应用、仪式教育的应用等。关于医学人文课程体系建设，学者们提出作为课程基础的学科建设要强化（胡佩诚），以医学生应具备的人文素质为导向构建包含批判性思维、职业精神、法律素养、心理及沟通、人文实践的课程体系（张大庆），以医学生应当接受的人文知识为导向构建人文基础教育、医学基础性人文教育和医学专业性人文教育课程体系（赵峰）。学者们对医学人文教育面临的困境和困难分析客观，问题归纳全面准确；对应对策略研究方面或多或少都在模仿别国经验和做法，淡化了医学人文教育中的价值引导的意识形态性，学习和借鉴是必然的，但要针对中国的具体情况，尤其是要在立场、方法和观点上坚持马克思主义指导。

（3）医学人文教育比较借鉴

医学人文教育比较借鉴有中美医学人文教育比较借鉴，国外多个国家比较借鉴，我国香港地区、台湾地区医学人文教育借鉴等。学者们就师资队伍建设、课程设置、考核评价等方面进行了论述、比较，其中对课程设置论述较多，多半主张借鉴国外成熟的课程体系（燕娟、殷小平等）。目前比较研究成果还不丰富，教育内容的组织形式和教育方法借鉴的论述较多，教育内容本身应怎样进行适合中国国情的借鉴鲜有论述。

（4）医学人文教育的具体内容研究

内容研究多是以课程呈现，成果有关于课程设置问题（韦勤、柏茗）和课程体系构建（张大庆），突出的观点是医学人文教育课程不合理，医学人文教育课程应体系化构建，在实践中没有统一的体系，各学校各自根据自身情况常识性构建，其中核心课程是医学伦理学、医学心理学、卫生法学。医学人文教育具体内容研究方面缺乏有说服力的建构理论，在课程设置上缺少理论标准，表现为经验性构建。

此外，还涉及了医学人文教育在临床教学与实践中的应用研究，医学生思想政治教育与医学人文教育研究等。医学人文教育是医学教育的最突出特色，医学生的思想政治教育内容研究离不开具体的医学教育小环境，现有成果中关于医学生思想政治教育的研究已经出现了在内容上融合人文精神、医学伦理的主张，但还未有对医学生思想政治教育内容与医学人文教育相互融合相互支持的系统性研究。

1.3　研究的思路与方法

1.3.1　研究的思路

本课题以马克思主义思想政治教育理论为指导，以完善医学生思想政治教育内容构成、提升教育效度为目标，以基本概念界定、理论基础、内容发展历史、内容借鉴与传承、现实挑战与建构机遇、内容体系建构与实现路径优化为逻辑思路，在历史与逻辑脉络中、比较借鉴中、现实困境与机遇中建构医学生思想政治教育内容。在对已有相关成果进行文献综述基础上，本书对医学生、医学生思想政治教育等基本概念进行界定，阐述相关的思想政治教育内容理论、德育内容理论、道德发展心理学、一般系统论理论、传播学、认同理论、话语权理论等理论基础，梳理新中国思想政治教育内容和医学生思想政治教育内容的发展历史，总结思想政治教育内容构成的规律与原则，比较借鉴历史上中西方医学生思想政治教育内容和几个当代代表性国家和地区医学生思想政治教育内容，进而分析现有医学生思想政治教育内容面临的挑战及内容建构的机遇；根据思想政治教育内容构成原则，构建满足医学生需求，符合医学教育特点的思想政治教育内容，并探索在主渠道和日常教育中实施这些内容的途径。其中对医学院校思想政治教育内容的历史考察是研究的难点，医学生思想政治教育内容的建构及其实现是研究的重点。

1.3.2　研究的方法

研究医学生思想政治教育内容建构问题要把握和使用多种研究方法，并对其恰当运用，本课题研究主要采用文献研究方法、历史分析方法、比较分析方法、系统论方法

（1）文献研究方法

文献法是思辨性研究常用方法，全面占有国内外关于思想政治教育内容和医学生思想政治教育的研究成果，并梳理分析已有研究成果主要观点、理论发展程度是本课题研究的前提，通过对已有研究成果的分析概括，从而确定本课题在相关研究领域的地位以及借鉴哪些已有研究成果中有益的内容。

（2）历史分析方法

对新中国成立以来思想政治教育内容与医学生思想政治教育内容进行历史分析，新中国成立后意识形态以马列主义原理为指导，思想政治教育的目标和发展方向明确，但在具体的发展阶段对思想政治教育内容又有不同的要求，这样的发展轨

迹是符合辩证唯物主义和历史唯物主义的。本研究通过对思想政治教育内容与医学生思想政治教育内容不同发展阶段进行比较分析，探索其发展规律及发展趋势，为内容建构提供重要依据。

（3）比较分析方法

比较中西方在医学生思想政治教育内容方面的异同及其现实可行性，继承传统医学生思想政治教育的优秀内容；比较分析当代医学教育发达的典型国家——美国，与中国文化、意识形态相似的国家——日本、新加坡、苏联（俄罗斯）的医学生思想政治教育内容构成特点，借鉴其先进经验、吸取其教训。古代医学教育医德为先的教育理念，国外将思想政治教育内容在诸多人文社会科学呈现，意识形态教育更为隐秘，这些都是值得我们学习和借鉴的。

（4）系统论方法

任何事物都是由多方面内容组成的一个有机整体，系统论强调整体大于个体之和，任何事物除自身是个系统之外又时时处在系统之中。思想政治教育内容的构成本就是各要素紧密联系的系统整体，思想政治教育内容的系统又是在社会的大系统中形成的。医学生思想政治教育内容也是一个系统，是思想政治教育系统中的子系统，不能脱离思想政治教育内容的系统和社会的大系统独立运行，每个系统只具有相对独立性。运用系统论方法，才能够准确把握医学生思想政治教育内容系统内部关系及其与思想政治教育系统、社会系统的关系，使医学生思想政治教育内容建构在一个符合系统逻辑的轨道上行进，也使医学生思想政治教育内容内部构成更加系统化，形成合力共同作用于医学生政治素质、思想素质、道德规范素质、职业伦理素质等方面的培养。

1.4 创新与不足

1.4.1 研究内容创新

（1）选题视角创新

思想政治教育内容是思想政治教育的核心组成部分，思想政治教育内容的研究相对于方法研究、主体研究较少，针对特定对象的思想政治教育内容研究少之又少，对医学生思想政治教育内容的研究尚未见到系统性研究成果。在时代和社会迅速变迁中，思想政治教育只有获得普遍认同和接受，才能在中国特色社会主义建设的新征程中发挥其应有的作用，思想政治教育内容被接受是思想政治教育的根本社会认同。本课题选择以当代医学生思想政治教育内容建构为研究对象，就是要通过具体微观教育内容建设实现特定教育对象对思想政治教育的彻底接受和认同，真正实现思想政治教育目标。

（2）观点创新

当代医学生思想政治教育内容建构不是对现有思想政治教育内容否定，是处理具体微观内容与宏观内容的关系。现有思想政治教育内容研究大部分停留在宏观层面内容的结构、组合及其优化，没有落实到微观层面；所提出的内容创新也只是把思想政治教育内容当作一个大容器，把有关人健康成长的方方面面的内容纳入这个容器中，是一种无序的加法且缺乏操作性。本课题的研究力求整合思想政治教育内容资源、构建适合医学生和医学教育特点的思想政治教育内容体系，并讨论可操作性的实施措施，把基础研究和实践研究结合起来，在内容的理论构建基础上提出实践上可行的方案。

（3）理论基础借鉴创新

本研究借鉴道德心理学的理论、话语权理论、认同论、传播学理论和一般系统论内容。将医学生心理发展特点作为以人为本理念的切入点，遵循知、信、行的心理发展规律，构建满足学生需要的思想政治教育内容。道德心理学理论的借鉴即使思想政治教育内容的研究着眼于受教育者，又使内容构建的层次更加科学。医学生思想政治教育内容直接是教育者的话语权，间接是国家意识形态的话语权，牢牢把握思想政治教育话语权在于教育内容对受教育对象的把握程度。传播学理论的核心是追求传播效果，传播内容是传播效果的保障，医学生思想政治教育内容是其教育效果的保障。医学生思想政治教育内容按照系统论原则进行建构，形成内部各要素紧密联系、协调统一，外部开放互动的内容体系。

1.4.2　存在的不足

当代医学生思想政治教育内容建构研究，要求既要深入理解和掌握思想政治教育内容理论及其历史发展脉络，还要对医学教育规律进行准确认识和总结，涉及思想政治教育内容体系理论、构成原则理论、发展史，中外医学教育史，医学教育理论等，对医学生思想政治教育内容当前面临的困难与挑战的准确把握与分析。本人在全面把握诸多理论和问题方面难免有疏漏之处，可能存在在医学教育特色和医学生特点的剖析深度不足的问题，对医学生思想政治教育内容面临困难的分析不够全面的问题，有些章节内容阐述还不够深入，这也为本人持续研究该问题留下空间，希冀与有志于此的同行交流切磋、合作研究。

本章小结：当代医学生思想政治教育内容构建的问题从根本上说是由思想政治教育的主要矛盾决定的，思想政治教育的主要矛盾是"社会发展所需要的思想政治素质，与人们思想政治素质状况之间存在的差距，……"[1]解决医学生思想政治教育中的这个矛盾，就要以提升医学生思想政治教育效果为目的进行内容的系统建构，要根据医学生个人与新时代医学教育发展要求与人民对高质量医疗卫生服务的需求，从思想政治教育内容与医学教育特点相结合角度建构有特色的医学生思想政治教育内容体系。在国内外相关研究成果中，还未见到直接、深入的研究成果，应当沿着理论基础、历史发展趋势、借鉴与继承、挑战与机遇、体系建构与实施的思路，具体运用文献分析、历史分析、比较分析、系统分析的方法，论述当代医学生思想政治教育内容建构的一系列理论与实践问题。

---

[1] 郑永廷. 思想政治教育学原理[M]. 北京: 高等教育出版社, 2016:85.

第二章　当代医学生思想政治教育概述

2.1　相关概念界定

2.1.1　医学生

在人们的通常理解中，一般把临床专业及以医生为职业方向的学生看作是医学生。医学院校学习各类医学知识的学生分为多种专业，包括临床医学、麻醉学、医学影像学、医学检验学、法医学、口腔医学、预防医学、药学、护理学、康复治疗学、公共事业管理（卫生事业管理方向）、劳动与社会保障（医疗保险方向）、法学（医事法学方向）等专业的学生，包括所有中等、高等中西医教育中的学生，这是外延最大的医学生概念。

根据是否直接接触临床患者为标准，医学生可分成医学类医学生和管理类、工学类医学生。医学类医学生包括学习临床医学、麻醉学、医学影像学、医学检验学、口腔医学、预防医学、药学、护理学、康复治疗学等专业的学生。临床医学专业培养从事临床医疗工作的通科医师；麻醉学专业培养从事临床麻醉、危重病医学、疼痛治疗和急救工作的临床麻醉医师；医学影像学培养从事医学影像学诊断与介入治疗的临床医师；

医学检验培养从事医院、血站及防疫部门医学检验及医学类实验室工作的临床检验医师；口腔医学培养从事口腔医疗和保健工作的临床医师；预防医学培养从事预防医学工作的公共卫生医师；药学培养从事各类药物开发、研究、生产、质量检验、鉴定和临床合理用药等工作的高层次药学人才，学生毕业后在各级医疗机构、医药院校、科研机构、医药公司、药品生产企业、社会药房及食品药品监管部门等相关单位工作；护理学培养从事临床护理、社区护理、护理管理和护理研究的高级护理人才；康复治疗学为各级医院康复医学科、ICU、神经内外科、骨科、烧伤整形科、老年病科、康复中心培养并输送康复治疗专门人才。这些专业的学生毕业时大多颁发的是医学学位证，部分颁发理学学位证，但都有一个共同的特点，即在未来职业生涯中始终与患者或就医者进行直接接触，学生在校期间课业比较繁重。管理类、工学类医学生包括公共事业管理（卫生事业管理方向）、劳动与社会保障（医疗保险方向）、法学（医事法学方向）、生物医学工程等专业的学生，这些专业虽然是医学院校设置的专业，同医学类专业比较而言，学生的未来职业是间接面向患者群体，在校期间学业任务相对较为轻松，毕业颁发管理学、社会学、法学或工学学位。

本课题中的医学生是指在高等医学教育中的医学类医学生，即临床医学、麻醉学、医学影像学、医学检验学、口腔医学、预防医学、药学、护理学、康复治疗学等专业的学生，其中临床医学专业医学生是医学生思想政治教育的重点对象。

2.1.2　思想政治教育

思想政治教育作为一个名词是中国共产党的独创的，作为一种人的社会实践活动则与人类发展同步，只是在阶级社会之后才成为一种自觉的实践活动。从学科角度看，"思想政治教育是运用马克思主义理论与方法，专门研究人们思想品德形成、发展和思想政治教育规律，培养人们正确世界观、人生观、价值观的学科"。（学位〔2005〕64号文）。作为社会实践活动，"思想政治教育是教育者与受教育者根据社会和自身发展的需要，以正确的思想、政治、道德理论为指导，在适应与促进社会发展的过程中，不断提高思想、政治、道德素质和促进全面发展的过程"。[1]因此，思想政治教育活动是教育主体自我教育与育人相结合的活动，是社会目标与个体目标相结合的活动，是价值取向一元与内容多元相结合的活动。思想政治教育者自身也要不断提升政治、思想、道德水平，"教育者要先受教育"，与受教育者共同进步和发展。思想政治教育以促进社会和谐稳定与发展为社会目标，促进个人全面发展为个体目标，每个个体的发展最终推动社会整体的进步，二者在本质上是一致的。思想政治教育是"以正确的思想、政治、道德理论为指导"的活动，价值取向一元化，但具体教育内容因时代发展、教育对象不同而有不同的构成。

　　思想政治教育内容具有时代性，其内容并非固定不变的，而是稳定性与开放性相结合。思想政治教育的内容是占统治地位阶级意志的体现，但从根本上说是由这个阶级所处的物质条件决定的。中国古代思想政治教育以"礼"化民，各守本位为思想政治教育的基础，以明德修身、新民至善、治国平天下为思想政治教育的核心；近代半殖民地半封建社会的国情决定了

---

[1]　教育部思想政治工作司组编. 大学生思想政治教育理论与实践[M]. 北京: 高等教育出版社, 2009:2.

思想政治教育以反帝反封建、救国图强为主要内容；新中国成立后为团结一切可以团结的力量进行社会主义建设，确定了马克思主义基本原理为主要内容的思想政治教育格局。从国外思想政治教育内容的历史来看，古希腊时代的思想政治教育是以健壮体魄、能征善战为主要内容；中世纪以基督教教义为唯一合法的思想政治教育内容；文艺复兴的思想启蒙运动以自由、民主、平等、博爱为主要内容；在俄国十月革命后，反共产主义成为资本主义国家意识形态工作的重要内容。不同的时代有不同教育内容，国情不同教育内容也不同。中国特色社会主义进入新时代，"这个新时代，是承前启后、继往开来、在新的历史条件下继续夺取中国特色社会主义伟大胜利的时代，是决胜全面建成小康社会、进而全面建设社会主义现代化强国的时代，是全国各族人民团结奋斗、不断创造美好生活、逐步实现全体人民共同富裕的时代，是全体中华儿女勠力同心、奋力实现中华民族伟大复兴中国梦的时代，是我国日益走近世界舞台中央，不断为人类做出更大贡献的时代"。[1]新时代需要培养出堪当伟大使命的社会主义建设者和接班人，思想政治教育工作者要有教育内容建构的自觉性，主动把握世情、国情、党情，适时更新教育内容。

思想政治教育内容具有针对性，不同的具体教育对象的教育内容要有所区别，即普遍性与特殊性相结合。思想政治教育是覆盖全社会成员的教育活动，包括党员思政教育、干部思政教育、群众思政教育、学生思政教育、大学生思政教育、社区思政教育、企事业单位思政教育，由于教育的单元划分不同、教育对象不同，在内容安排上既要有一般的普遍性的安

---

[1] 中国共产党第十九次全国代表大会文件汇编[M]. 北京: 人民出版社, 2017:9.

排，更要有个性的、贴近教育对象生活、接受能力、知识水平的内容。党员干部是思想政治教育的重点对象，对其思想政治水平要求也最高，要树立共产主义信仰，有为党和人民献身的精神，对党员干部的思想政治教育侧重在思想和政治两方面，主要是马克思主义理论、党建理论、官德等内容。学生思想政治教育要进行内容的系统安排和衔接，根据不同年龄的心理特点构建内容，小学要突出国家民族认同教育、基本礼仪教育、社会公德教育等内容；中学要突出法治、社会责任、政治常识等内容的教育；大学阶段要突出马克思主义基本理论、意识形态、社会思潮等内容的教育，同时要紧密联系学生的专业学习和未来职业发展。企事业单位的思想政治教育内容要同企业（单位）文化内容有机结合。社区思想政治教育要突出和谐社会内容。国外思想政治教育称作公民教育，以美国为例，他们在培养公民过程中十分注重教育内容的适宜构建，如美国小学生在历史情景剧、历史人物扮演中受到爱国主义教育，突出了历史教育。在大学里各种具有意识形态潜隐形的内容比比皆是，以价值中立的表象掩盖内在的资本主义价值导向。因此，各国的思想政治教育在内容上各自都有统一规定，但在具体操作中又都经过适当调整，更加具体化。

本文所指当代医学生思想政治教育内容建构并不是否定现有的医学生思想政治教育内容框架，而是以现有内容框架为依据，针对特定教育对象对内容进行整合，适当吸收合理内容，使内容安排更富有个性特点，更加适合医学教育的需要，适合医学生思想政治教育的要求，更利于提升医学生思想政治教育效度。高校思想政治教育一般是通过两种途径实现，一是思想政治理论课主渠道，二是学生管理中的日常思想政治教育。主渠道是通过正式的、按照教学规律组织的课堂教学形式进行，日常渠道是在学生管理工作中渗透。此外，高校为落实全程、全员、全方位育人格局，所有课程与思政课同向同行，"课程思政"成为新的思想政治教育渠道。所有的思想政治教育渠道与环节都是以宏观思想政治教育内容，即政治观、思想观、道德观、法制观、心理健康内容为指导，在具体内容安排上既有交叉又有适合自身形式特点的内容。因此，当代医学生思想政治教育内容既要建构内容体系，又要区分不同渠道贯彻落实的内容，使内容真正发挥作用，保障医学生思想政治教育内容建构的彻底完成。

2.1.3　医学生思想政治教育

医学生的思想政治教育是既有思想政治教育的一般性要求又要体现特殊性或个性化需要，教育对象特定——医学生，教育内容特定——针对医学生的教育内容。医学生思想政治教育的目标是在培养合格的社会主义建设者和接班人的总目标下，培养思想素质过硬、政治立场坚定、心理健康、具有人文精神、医德高尚的人民卫生工作者。

（1）医学生思想政治教育应是与医学教育发展需求相契合的思想政治教育。"西方医学输入我国，约始于1800年Morison及Livingstone氏创设诊疗所于澳门。""1881年（光绪八年）李鸿章任直隶总督，创办北洋施医局，招收学生，分甲乙两种，甲种四年，乙种三年毕业，以英人Mackenzie为医官，此为中国办理西洋医学教育之始。"在这之前中国本土医学发达，但医学教育却欠发达，南北朝时期开始出现官方医学教育，师徒家传与官方医学教育并存，唐朝时设置太医署教授医学生员，并逐步有了考试制度，官方医学教育走向规范化。因为缺乏正规的、覆盖范围较广的医学教育，中医学发展缓慢。西医和西医教育传入后，中国的医学教育确实取得了长足进展，到20世纪30年代，国立、省立、私立、军队的医学院校有三十多所。西医的传入冲击了中医的地位，效仿西医教育的鲜见的中医教育并不被教育行政部门承认，在"西学东渐"的时代，中医学校被社会看作畸形医校，因此，西医教育长期成为医学教育的正统。新中国成立后，建立了自己的中西医教育体系。2012年5月，教育部、原卫生部联合印发《关于实施临床医学教育综合改革的若干意见》，提出要"着力于医学生职业道德和临床实践能力的显著提升，全面提高医学人才培养质量"，"培养医学生关爱病人、尊重生命的职业操守和解决临床实际问题的能力"。"培养大批面向乡镇卫生院，服务农村医疗卫生需求的下得去、用得上、留得住的全科医生。"2014年11月国务院六部委联合印发《关于医教协同深化临床医学人才培养改革的意见》，提出要"加大教学改革力度，加强医学人文教育和职业素质培养，推进医学基础与临床课程整合，……"医学教育改革要求把医学人文素质、医学生职业道德的培养与医学专业技能的培养提高到同等重要程度，对面向基层培养的医学生的职业道德培养受到格外关注。2008年教育部、原卫生部印发了《本科医学教育标准——临床医学专业（试行）》，2016年又印发了2008版的修订版《中国本科医学教育标准——临床医学专业（2016年）》。2008版标准在学生"思想道德和职业素质目标"中提出了12项具体要求，2016版在第一部分"临床医学专业本科毕业生应达到的基本要求"中开宗明义提出："中国临床医学专业本科毕业生应树立正确的世界观、人生观、价值观，热爱祖国，忠于人民，遵纪守法，愿为祖国卫生事业的发展和人类身心健康奋斗终生。"对学生职业素养提出了7条具体要求。医学生思想政治教育是医学教育整体的组成部分，必然要与医学教育的发展紧密结合，内容上反映医学教育改革的精神。医学生的思想政治教育是医学教育中不可或缺的部分，是体现医学人学性的重要渠道，思想政治教育对医学教育发展和医学院校建设意义重大。

（2）医学生思想政治教育应是与医学生发展需要相契合的思政政治教育。大学生一般的发展需要包括身心健康的基础性发展需要、参加集体活动锻炼能力的延展性发展需要和职业生涯规划的前瞻性发展需要。由于学习上较一般大学生承受更大的压力，医学生需要更多的价值信仰培育、意志品质锻炼和心理疏导；医学目的的社会性、医学职业的人学性决定了医学生需要医学人文的启蒙和人文主义的内心根植。医学生思想政治教育在实现固有的培养合格的社会主义建设者和接班人的目标时，要坚持以人为本，满足医学生思想政治教育的需求。因此医学生思想政治教育要与医学生发展需要相契合。医学生在校期间要学习40门左右专业理论课，早临床且临床实习时间长，各种考试多，包括理论课结业考试、实习出科考试、毕业考试等等，学习压力非常大。压力纾解不及时极易累积，产生心理问题与疾病。思想政治教育要承担起教育医学生树立职业信仰的责任，树立国家民族责任感，从而坚定意志，增强抗压能力。思想政治教育还要承担起帮助学生纾解压力的责任，特别是在日常的思想政治教育工作中，要深入学生、教育学生处理好学习、生活、情感等问题，及时发现问题，及时预警，尽量将问题消灭在萌芽状态。医学学习是一个艰苦的过程，医学职业更是一个辛苦又压力巨大的职业，虽然医学生职业定位比较明确，绝大多数人将从事与所学专业相关的工作，但要保证其能够坚定地走在职业发展道路上还要在就学期间打牢思想基础。

2.2　医学生思想政治教育的特点和作用

医学生思想政治教育与其他行业类院校的思想政治教育不同，具有自身的特点和不可替代性，在医学人才培养中发挥举足轻重的作用。从应然性上来说，医学生思想政治教育具有以下特点和作用。

2.2.1　医学生思想政治教育的特点

医学教育和医学生学习特点决定了医学生思想政治教育具有自身的特点。

（1）医学教育和医学生学习的特点

西方医史学家西格里斯，在《亨利·西格里斯论医学史》（1959）一书中曾经这样说："医学的目的是社会的。它的目的不仅是治疗疾病，使某个机体康复，它的目的是使人调整以适应他的环境，作为一个有用的社会成员。为了做到这一点，医学经常要应用科学的方法，但是最终目的仍然是社会的。每一个医学行动始终涉及两类当事人，医生和病人，或者更广泛地说，医学团体和社会。医学无非是这群人之间的多方面的关系。"[1]在中华民族传统中，医学被定位为"仁术"，"精诚"是医者职业要求的精辟概括，即医术要精湛，医德要诚恳。由此可见，中西医在把握医学的性质方面异曲同工，从中

---

[1]　王一方. 医学人文十五讲[M]. 北京: 北京大学出版社, 2006:3-4.

外医学史上看，医学是沿着技术进步与医学伦理发展双轨道前行的。因此，毋庸置疑，医学教育承担着培养医德高尚、医术精湛的医务工作者的任务。

医学教育是自然科学教育与人文社会科学教育相融合的教育。近代以来医学技术的进步以物理、化学、生物学学科与技术发展为基础，特别是生物技术的飞速发展奠定了现代技术主义医学的基础，使人们"以为每一种疾病都可以在器官、组织、细胞和（或）生物大分子上找到形态结构的和（或）生化代谢的特定变化，都可以确定出生物的和（或）物理、化学的特定原因，都应能找到特异性的治疗手段"。[1]医学教育成为医学技术教育。实际上，在工业革命前，西医是自然医学，与中医的理念基本一致。当生物医学模式面对心因性、精神类疾病束手无策时，医学的人文、社会性，即人学性在医学教育领域被重新拾起。医学技术是医学服务社会必备的条件，但不是充分条件，因此，医学教育要融合自然科学教育和人文社会科学教育，而且并不是一般的知识性教育。从目标和效果来考察，医学教育是专业知识来不得半点马虎的精准，人文精神的内在实在确立的教育。

医学生学习任务重、精准度高、道德修养标准要求高。医学关系到人的生命健康，由此决定了医学教育学制较长、课程较多。医学生要经历至少五年的学习，其中第一、二学年学习医学基础知识，第三、四学年分方向学习专业知识，第五学年进行为期一年的实习。医学专业学生要学习35～40门医学基础、医学专业课程，第五学年要在医院实习一年，各科室轮

---

[1] 彭瑞聪, 常青, 阮芳赋. 从生物医学模式到生物心理社会医学模式[J]. 自然辩证法通讯1982(5):26.

转，通过出科考试方可进入下一个科室。因此医学生学习任务
要比其他学生繁重，学习目标全面、标准高，实验、见习、实
习实训等实践时间较长。医学的"专业性"决定了医学职业的
无可替代性，除了经过正规医学教育的医学生，其他专业学生
不可能转行成为医疗领域的医生，这也限定了医学生改行的可
能性，绝大多数学生的职业预期是立足医疗领域，因此他们特
别重视医学课程的学习，十分刻苦。正因为医学生在校期间就
已定向为人民生命健康服务，社会对他们的政治、思想、道德
水平有了更高的期待，他们应当成长为专业知识扎实、品德高
尚的人。

（2）医学生思想政治教育的特点

从普遍性来看，医学生思想政治教育是普通高等学校思想
政治教育的一个重要方面，教育目标是培养合格的中国特色社
会主义建设者和接班人。从特殊性来看，医学生思想政治教育
是医学教育不可分割的组成部分，是医学生人文社科教育的最
主要途径。

医学生思想政治教育与医学专业教育紧密结合。医学生思
想政治教育应当在思想政治教育工作的共性要求基础上，从医
学教育目标和特点出发，联系专业教育和医学生实际展开有效
的教育活动。思想政治教育是意识形态的灌输，高校思想政治
教育一般性的要求是要培育和践行社会主义核心价值观，进行
马克思主义基本理论教育、中国特色社会主义理论教育、法治
教育等，培养政治立场坚定，具有一定马克思主义理论修养，
有理想、有本领、有担当的新时代建设者和接班人。为增强教
育的实效性，具体教育对象要具体分析，医学生思想政治教育
应当与医学专业教育紧密结合，一方面要贴近医学专业教育教

学和医学生学习实际，本着普遍联系的原则，从医学专业知识和医学生专业学习着手，寻找思想政治教育教学、工作的切入点，既有利于摆脱思想政治教育与专业学习平行状态，也有利于拉近思想政治教育教学与教育对象的心理距离；另一方要自觉挖掘医学专业知识和教育中的思想政治教育资源。如前所述，医学天生具有人文性，这就决定了医学专业教育与思想政治教育的兼容性，医学与思想政治教育都是做人的工作，对象都是社会人而非自然人，也就是说以人为本是医者、思想政治教育者共同的原则和理念。医学的发展史绝大多数内容都是思想政治教育的可用资料，医学与哲学的关系能够为思想政治教育提供多方面支撑。医学生思想政治教育主渠道——思想政治理论课教学应适当结合医学专业知识，特别是在马克思主义基本原理教学中，把握哲学与科学两种人类认识世界方式方法的联系，用学生熟悉的医学知识进行教育，提升思想政治教育内容的亲和力。

医学生思想政治教育与医学人文教育融合。一般的人文教育大概是文、史、哲、艺四个方面的知识教育与审美情趣的培养，医学生也要接受这样的训练，但在医学教育中，医学人文或者说人文的医学教育比重更高。医学人文并不具有严格意义上学科体系，从其依托的知识教育角度看，医学人文是人文多学科与医学科学、医学教育、医学实践结合产生的交叉"学科群"。因此，对医学人文的理解纷繁复杂，但对医学哲学的理解比较一致，即对医学的"反思"及医学终极关怀价值的追求。思想政治教育是以马克思主义哲学为基础，医学哲学同样是在应用马克思主义哲学的立场和方法论，二者具有融合的前提；从医学人文教育的历史角度观察，国外医学人文教育借助了宗教的力量并受益匪浅，中国传统医学本身始终带有朴素唯物主义的色彩，没有宗教资源可用，但可以从马克思主义信仰、共产主义信仰的培育中获得更加积极的养料，这是思想政治教育与医学人文教育融合的必然性要求。

医学生思想政治教育突出医德教育。医德教育是医学人文教育的重要内容，在医学生思想政治教育内容中的道德教育要突出医德教育，从而区别于一般的职业道德教育，这既是医学人文教育要求的反映，也是思想政治教育内容的内在要求与责任。任何职业都有职业伦理的要求，医学院校一般都开设了医学伦理学课程，课时都不多，从内容来说医学伦理涉及医患双方的权利义务等复杂内容，医德教育内容不突出。在医学生思想政治教育中的医德教育以医护人员的职业道德、义务为主要内容，突出强调医学职业的利他性和奉献精神，相较于医学伦理学，更能强化医德认知的自省性，更有利于医学生医德信念的树立和医德行为的养成。医德教育应当是医学生思想政治教育的特色内容，即医学生思想政治教育在道德教育维度上以医德教育为主，这是医学教育固有要求，也是经济社会发展的迫切需要。

2.2.2 医学生思想政治教育的作用

医学生思想政治教育顺应医学教育大环境特点，具有自身特色，在人才培养中既发挥着一般思想政治教育的作用，又对新时代卓越医学人才的培养具有特殊作用。

（1）培养医学生的思想政治素质

医学生是当代大学生的一部分，与其他大学生具有同样的时代特点，他们成长于物质相对丰富的时代，对物质贫乏时代缺乏直观感性认识；他们生活在一个充满活力和挑战的时代，具有强烈的进取心和竞争意识；他们习惯于互联网带来的方便快捷的生活，主动或被动接受海量信息，其中不乏消极信息；他们表现出批判与消极冷漠并存的思想道德状态，等等。思想政治教育的时代环境和教育对象都发生了很大变化，改革开放新时期思想政治教育是立足于生产力落后的实际，动员全社会力量积极投身发展生产力的改革开放洪流，并实实在在地改变了国家的面貌，改善了个人物质生活条件，思想政治教育取得了成功。"知识改变命运"在小我层面教育新时期的青年发奋学习向着改变物质生活条件的个人目标前进，同时在大我层面教育青年努力奋斗向着改变贫穷落后面貌的国家目标前进，思想政治教育是成功的。中国特色社会主义进入新时代，面对变化了的时代条件与对象，思想政治教育仍然要培养受教育者的思想政治素质，更需强调树立远大理想，中国梦、民族复兴和现代化强国是大我目标，个人价值实现的小我目标要定位为做有理想、有本领、有担当的新时代新青年。医学生思想政治素质的培养，最终落实到如何服务于人民的生命健康，献身祖国医药卫生事业。

（2）培养学生医学人文精神（medical humanities）

"人文精神是一种普遍的人类自我关怀，表现为对人的尊严、价值、命运的维护、追求和关切，对人类遗留下来的各种精神文化现象的高度珍视，对一种全面发展的理想人格的肯定和塑造；而人文学科是集中表现人文精神的知识教育体系，它关注的是人类价值和精神表现。"[1]也有将人文精神等同于人

---

[1] https://baike.baidu.com/item/%E4%BA%BA%E6%96%87%E7%B2%BE%E7%A5%9E/1546?fr=aladdin

文的思想，"所谓人文的思想，即指对人性、人伦、人道、人格、人之文化及其历史之存在与其价值，愿意全幅加以肯定尊重，不有意加以忽略，更决不加以抹杀曲解，以免人同于人以外、人以下之自然物等的思想"。[1]医学人文精神是医学文化发展的传统，是医护人员应当传承的对人的尊严、人格、价值的尊重和关切，既包括自尊及对理想人格的追求，也包括对服务对象的尊重和出于同类的通感。近代以来，因物理、化学、生物技术的飞跃式发展，医学受益良多，先进的辅助诊断仪器层出不穷，不断更新换代，科学的医学理念取代了科学性与人文性兼容的医学概念，医学实践"只见病不见人"，医学教育中的人文教育被边缘化，医学发展背离初心。加强医学人文教育，树立医学人文精神是医学教育的本质要求。目前，各医学院校都是通过开设医学人文类课程（大多是选修课）进行医学人文教育，而现有的不统一、不系统的医学人文课程也只能完成浅显的知识学习，距离医学人文精神的教育目标还很遥远。思想政治教育的价值观引导有助于医学生医学人文精神的树立。思想政治教育本身就是以价值引导为主要目标，在思想政治教育过程中有意识将马克思主义信仰、社会主义共同理想、社会主义核心价值观引导与医学人文精神引导有机融合，完成医学人文知识基础的内化过程，从而树立医学人文精神。

（3）培养医学生尊重生命、热爱工作的精神

医学生繁重的学业任务、实习实践中未来职业体验都可能给医学生带来思想困惑，未来职业的单调预期（几乎没有变动职业的可能）使其产生消极悲观的情绪，甚至职业恐惧。这些问题不是现实问题，而是心理和思想问题，解决这些问题是

---

[1]　唐君毅. 中国人文精神之发展[M]南宁: 广西师范大学出版社, 2005:2.

培养医学生尊重生命、热爱工作精神的前提，而这些问题只能用心理和思想的办法来解决。思想政治教育的理想信念教育是解决学生职业恐惧问题的根本前提，树立了坚定信仰、具有远大理想的人，才不会轻易动摇立场。医学生不仅要树立共产主义、社会主义的理想信念，还要树立牢固的职业理想信念。理想信念教育的目标不是一两次谈话、一两次课堂授课就能够实现的，学生个人树立信仰是一个复杂的心理和思想斗争的过程，要有长期的全方位的影响，方能巩固信仰根基。习总书记提出高校各门课程都要与思想政治理论课同向同行的要求为理想信念教育提供了更为完备的舆论环境。心理健康教育与咨询是解决学生问题的现实途径，心理健康教育是思想政治教育的主要内容之一，心理健康是思想政治教育的主要目标之一，是其他教育的基础。医学生承受较其他学生更大的学习压力，心理问题多发是正常现象。建立完备的心理健康教育与咨询体系、有效的心理危机预警与干预机制是有效克服医学生心理问题的关键，是思想政治教育能否取得实效的必要条件。树立职业信仰也包括正确生命观的确立，生命教育在各级教育中都是短板，而生命教育本应是思想政治教育不可或缺的一个要素，尤其对医学生来说，他们未来将服务于人民的生命健康，生命教育意义更为重大。应教育医学生尊重生命，既要热爱尊重自己的生命，也要尊重他人的生命。在医学生的生命教育中不仅要有对生命的积极态度教育，还要有对死亡的正确态度教育，并强调死亡尊严的教育，这有利于医学生在职业生涯中健康成长，并能够自觉尊重患者的生命和意愿，实现对人的终极关怀。

2.3 医学生思想政治教育内容建构的理论依据

医学生思想政治教育与其他学生思想政治教育一样受到党和国家的高度重视，但无论是日常思想政治教育工作还是思想政治理论课主渠道教育，在内容和形式上与其他学生群体的思政教育几乎没有差别，影响教育效果及其应有作用的发挥，是以要进行具有自身特点的教育内容建构。医学生思想政治教育建构根本上要以马克思主义为指导，以思想政治教育内容理论、德育内容理论为基础，根据思想政治教育学科与其他学科的交叉性，借鉴道德心理学、一般系统论、话语理论、认同论、传播学等相关理论。

2.3.1 思政教育内容理论

（1）思想政治教育内容理论是马克思主义理论的重要组成部分

马克思主义是一切工作的指导思想，其中马克思主义思想政治教育理论是医学生思想政治教育内容构建的具体指导思想和理论基础，尤其要遵循思想政治教育内容理论。在马克思主义理论和实践发展历史中，马克思主义者始终重视思想政治教育，思想政治教育理论是马克思主义理论的重要组成部分，丰富的马克思主义思想政治教育理论是思想政治教育实践活动必须坚持的指导思想。科学社会主义创始人马克思和恩格斯并没有提出"思想政治教育"的命题，但他们在理论研究和指导工人运动的实践中十分重视用理论武装工人阶级，使其从"自在的阶级"成长为"自为的阶级"。这实际上就是对工人阶级进行思想政治教育，其教育内容是马克思恩格斯创立的无产阶级革命理论。"但是，共产党一分钟也不能忽略教育工人尽可能明确地意识到资产阶级和无产阶级的敌对的对立，……"[1]虽然这是针对德国具体革命形势的叮嘱，但"一分钟也不能忽略教育工人"却是思想政治教育应充分重视的原则。马克思和恩格斯还提到了理论教育与被教育者的经济利益相结合、理论教育目标等问题，"理论"是马克思、恩格斯思想政治教育内容的主张。列宁明确提出了"政治工作"的概念，创造了思想政治教育"灌输"理论，要从外面向工人灌输社会主义理论，"当工人阶级的先进代表领会了科学社会主义思想，领会了关于俄国工人历史使命的思想时，当这些思想得到广泛的传播并在工人中间成立坚固的组织，他们现实分散的经济战变成自觉的经济斗争时，俄国工人就会起来率领一切民主分子去推翻专制制度，并引导俄国无产阶级（和全世界无产阶级并肩地）循着公开的政治斗争的大道走向胜利的共产主义革命"。[2]"科学社会主义思想"是列宁思想政治教育的内容。中国共产党在理论和实践上丰富和发展了马克思主义思想政治教育内容理论，思想政治教育内容理论包括思想政治教育内容确立的原则理论、马克思主义基本理论教育理论、中国化马克思主义理论教育理论、社会主义核心价值观教育理论、法治观教育理论、德育理论、心理健康教育理论等等。思想政治教育内容理论在马克思主义指导无产阶级革命斗争实践中、社会主义建设伟大

[1] 马克思, 恩格斯. 共产党宣言[M]. //马克思, 恩格斯. 马克思恩格斯文集: 第2卷. 北京: 人民出版社, 2009:66.

[2] 列宁. "什么是人民之友"以及他们如何攻击社会民主主义者? [M]//列宁. 列宁选集: 第1卷. 北京: 人民出版社, 1998:81.

实践中生成和发展，是对社会动员工作、群众教育工作的经验总结。

（2）思想政治教育内容是思想政治教育目的与功能的载体

思想政治教育理论包括关于指导思想、理论基础、教育地位作用目的理论，关于教育对象、教育内容、教育方法理论，关于教育队伍建设理论等，其中教育内容是联结思想政治教育应然目的与实然效果、教育者与受教育者的桥梁，教育内容理论是思想政治教育理论的重要组成部分。思想政治教育内容由思想政治教育目标决定，"是思想政治教育目的和任务的具体化"。[1]思想政治教育的功能包括个体性功能、社会性功能，两个功能的发挥都有赖于教育内容能否为受教育者个体所接受。思想政治教育内容特别是具体内容首先应当坚持马克思主义的指导，"马克思主义哲学、政治经济学和科学社会主义就是思想政治教育学原理和方法的理论基础和知识基础"。[2]思想政治教育内容当然包含马克思主义理论教育。思想政治教育内容应当满足受教育者需求才能被接受、吸收、内化。思想政治教育内容反映经济社会发展要具有时效性才能有实效性。中国共产党思想政治工作传统在内容建设上留下了许多宝贵经验，党以"生命线"确立了思想政治教育在革命和建设时期具有重要地位，以多姿多彩的教育方法获得了人民群众的认同，以通俗易懂、满足人民争取民族独立需求的理论内容凝聚人心，以革命和建设的伟大成就验证了思想政治教育的实践效果。思想政治教育实践在社会主义革命和建设动员社会力量中发挥了重要作用，在新时代要持续发挥更大的作用，思想政治教育内容建设

---

[1]　陈万柏,张耀灿.思想政治教育学原理[M].北京:高等教育出版社,2007:175.

[2]　陈秉公.思想政治教与学原理[M].北京:高等教育出版社,2006:42.

应当受到应有的重视。

（3）思想政治教育内容具有时代、国别和针对性差异

阶级与国家出现后，思想政治教育性质和内容明确清晰起来，成为一种带有阶级性的教育活动，古今中外所有国家都要实施对其公民或国民的思想政治教育以巩固统治阶级政治统治。思想政治教育目的本质上是一致的，都是为了维护阶级统治，但在内容上体现出时代差异、国别差异和针对不同教育对象的具体内容差异。

1）中国不同时代、时期思想政治教育内容的差异

中国古代的思想政治教育有自己的传统，中国自秦统一后出于巩固中央集权国家的需要，培养人们对封建等级制度的认同和对伦理道德的自觉遵守，甚至倡导臣下对君上的愚忠。中国近代是在西方坚船利炮压力下开始的，在面对清末帝国主义侵略瓜分、国将不国的社会背景，打破封建腐朽思想的束缚、唤起民众救亡图存的热忱是这一时期的思想政治教育的主要目的，因此新文化运动成为思想政治教育的内容；中国共产党成立后，要领导全国人民进行一场反帝反封反官僚资本主义的民族解放运动，思想政治教育的内容就是用马克思主义的基本原理和中国化马克思主义理论武装全党全国人民，建设具有彻底革命性的党和人民军队；新中国成立后，为团结全国各族人民共同建设社会主义新中国，除了继续马克思主义理论教育外，集体主义、无私奉献、"五讲四美三热爱"的社会主义道德教育也成为思想政治教育内容的重要组成部分；在社会主义改革开放的时代，培养合格的社会主义建设者和接班人是思想政治教育的主要任务，马克思主义基本原理、毛泽东思想、中国特色社会主义理论、中国近现代史、社会主义道德、心理健康、

优秀传统文化都成为新时期思想政治教育的主要内容。从古代到现代，中国思想政治教育资源丰富，其中还包含着针对医学生思想政治教育的宝贵资源，可供医学生思想政治教育继承和发展。

2）西方国家思想政治教育时代、国别差异

西方没有"思想政治教育"的名词，但有"公民教育"，其实质就是思想政治教育。早在古希腊时期西方就已经有了完备的公民教育体系，"公民教育"一词沿用至今，在实践和理论上都具有较深厚的积淀。西方思想政治教育目的是培养好公民，其内容集中在思想、道德、政治、美育、体育等方面，培养适合国家需要的公民。不同国家，即使是同一性质、处于同一时代，其思想政治教育内容也会呈现较大的差异性。如在第一次世界大战与第二次世界大战之间的英国和德国，英国在殖民过程中积累了巨额财富，英国的思想政治教育（公民教育）以稳定帝国的国内和殖民地秩序为目的，因此在内容上以培养国民对国家忠顺的内容为主，此时英国有许多看似对政治漠不关心的"纯粹居民"，"这许多人对普通的问题和活动虽则抱着漠不关心的态度，但在他们的当中和周遭却有一个具着各种势力和制度的细网，造成许多公民生活的途径和类型"。[1]这就是英国人引以为傲的一点，似乎完全不会利用学校作为公民教育工具，实际上却编织了一个细网，囊括了所有人，在日常生活、公共生活、学校教育、宗教活动中进行潜移默化的思想政治教育，如"许多政府机关和半官团体，对于具有公民意义的地方，保存不遗余力；这也足以证明地方在公民意识方面的势力"。[179] 同时期的德国，因第一次世界大战的失败带来了

---

[1] 高土.英国公民教育[M].黄嘉德，译.王云五，韦悫主编.商务印书馆，1937:7.

国家主义公民教育的空前高涨，又因劳资矛盾的激化使社会主义运动发展起来，"社会主义要破除劳工对国家政府的忠诚，而代以对国际劳工阶级和未来的社会主义的社会的忠诚"。[1]在这种对国家主义的"破坏"的威胁下，"资产阶级自愿放弃原有的自由主义和民治主义的政治理想，与半专制的政府妥协"。[323]不遗余力地培养公民对德意志帝国的忠诚。德国对公民的教育不像英国那般温和地寓于政治、经济、教育和宗教活动中，而是加强了政府对公民日常生活的统治与强制，"对国家的忠心，藉一般网状分布的组织来做有系统，有意识地培养。其中最重要的是各政党，……"[325]在各方力量的角逐中，纳粹取得了绝对优势，并把"强烈的国家主义"成功根植在德国人的头脑中。

3）思想政治教育内容具有横向微观差异

除了时代和国家宏观层面的区别，无论是出于教育规律的考虑还是教育实效性的需要，思想政治教育内容在一个国家内的横向微观上仍有差异。思想政治教育工作者应当根据具体的教育对象，结合所在地区的特殊社情，民族、宗教等因素，在统一的思想政治教育内容的原则指导下，构建有针对性、有所侧重的思想政治教育内容。各国思想政治教育内容的横向差异最为典型的是学生思想政治教育的层次性。"各国"小学、中学、大学教育内容都会根据人的身心发展规律安排具体内容。如新加坡思想政治教育"小学阶段、中学阶段都是公民与道德教育。这两个阶段内容不同，但目标一致并相互衔接"。"大学阶段公民教育的主题是'领袖的挑战'。"新加坡对中小学生

---

[1] 可索克. 德国公民教育[M]. 金澍荣，黄觉民，译. 王云五，韦悫主编. 商务印书馆，1937:323.

同样进行家庭团结主题教育，小学教育的内容为理解家风、家庭背景、家庭归属感，价值观目标是承担责任、体谅、同情、合作、交往和相互尊重；中学教育的内容是家庭价值观、家庭成员交往技能等，价值观目标是义务感、交往、尊重、同情。这种学段间教育内容的差异在各国普遍存在。

中国思想政治教育受众有年龄区别、民族差别、地域差别、职业差别，教育的内容在本质和范围上都是社会主义政治观点、思想观念、道德规范教育，但在具体内容结构与内容呈现上是有所差别的。进行爱国主义教育，少数民族地区的中华民族认同感教育是基础，特别行政区则以一国框架下自治权的正确理解为基础；培养小学生对国家象征符号的敬仰情感，培养中学生维护祖国的尊严的责任感与国家荣誉感。进行党的政策宣传教育，不同的受众关注的焦点不同，宣传内容就要有针对性，对农民宣传兴农政策，对工人宣传实业政策，向全体人民做好重大民生政策宣传。

2.3.2 教育学德育内容论

（1）思想政治教育与教育学的渊源

思想政治教育与教育学有着天然联系。"教育是根据一定社会的现实和未来的需要，遵循年轻一代的身心发展的规律，有目的、有计划、有组织地引导受教育者获得知识技能，陶冶思想品德、发展智力和体力的一种活动，以便把受教育者培养成为适应一定社会（或一定阶级）的需要和促进社会发展的人。"[1]思想政治教育的概念与教育概念如出一辙，思想政治教育就是以政治、思想、道德为内容的教育。因此，教育学的

---

[1] 王道俊，王汉澜.教育学（新编本）[M].北京：人民教育出版社，1989:9.

教育目标理论、课程理论、教法理论、教育主体理论、课外教育理论、教育研究方法理论等在思想政治教育学科研究中都有具体的个性化表现，在思想政治教育实践中都有指导意义。其中的德育理论与思想政治教育理论研究和实践活动关系最为密切。许多教育学已有的理论可以自然应用到思想政治教育的实践中来。教学过程理论中的比较有影响的理论，如中国古代的"博学、审问、慎思、明辨、笃行"过程论，杜威的五步教学法，巴班斯基的系统过程论，特殊认识与身心发展过程论等，教育教学组织理论、教育教学评价理论，教育的目的功能理论等，在思想政治教育实践中都有应用，也是思想政治教育理论研究领域的内容。教育学理论前沿发展也开拓和促进思想政治教育的研究与实践。对于医学生思想政治教育内容建构来说，也应当遵循因材施教原则、科学性与思想性统一原则、理论联系实际原则、循序渐进原则、启发性原则、可接受原则、巩固性原则等教育原则。

（2）德育内容理论

德育内容理论对思想政治教育内容的建构最具直接针对性。德育即道德教育，德育内容即用什么样的道德规范原则进行道德教育。德育有明确的对象分层，从国家颁布的加强德育的文件中可见一斑，《小学德育纲要》《中学德育大纲》《中国普通高校德育大纲》是分别针对大、中、小学教育对象的德育文件；德育内容本身既有现实内容又包含超现实内容，即德育内容是针对当下社会生活的，而道德的崇高性使德育内容高于现实，具有理想性；德育的内容对人的约束力不同，又有规则性内容、原则性内容的区别；道德发生的场域不同，道德教育又有公德教育、私德教育之分。一般德育内容是针对特定教育对象、现实的、规则性内容。高校思想政治教育涵盖德育，德育内容是思想政治教育内容的一部分，思想政治教育内容的构建应当有德育内容理论的指导。

2.3.3　道德心理发展理论

心理健康教育是思想政治教育内容的一个重要方面，心理健康教育是运用心理学基础知识培养学生自我认知、自我调节的能力，保持情绪稳定、人际和谐的能力，抗压、抗挫折的能力。心理是思想的基础，心理健康的人才有更高的追求与成长需要，人格有缺陷、精神有障碍的人是无法接受思想政治教育的。因此，心理学的一些基本内容进入了思想政治教育的研究领域，但从思想政治教育内容构建角度看，具有紧密相关性的是道德心理学理论，"使人们行动起来的一切，都必然经过他们的头脑"。[1] "就单个人来说，他的行动的一切动力，都一定要通过他的头脑，一定要转变为他的意志的动机，才能使他们行动起来，……"1306支持行为的就是心理动机，思想政治素质和行为的培养离不开心理动力机制的培育。"道德心理学是以道德和心理的关系为研究对象，揭示道德产生、发展的心理基础，是道德知行的心理机制、心理过程和心理状态，以及心理失衡中的道德调解等一般规律的学问。"[2] 思想政治教育所要达到的教育目标是使受教育者熟悉掌握思想政治教育知识、形成内心的信念、养成行为习惯，培养政治、思想、道德素质符合社会需求的人。从教育者传"道"到受教育者知"道"、

---

[1]　恩格斯. 路德维希・费尔巴哈和德国古典哲学的终结[M]//马克思, 恩格斯. 马克思恩格斯文集: 第4卷. 北京: 人民出版社, 2009:304.

[2]　曾钊新, 李建华. 道德心理学[M]. 长沙: 中南大学出版社, 2002:1-15.

信"道"、尚"道"、行"道"是思想政治教育应有的完整过程，与道德认知、道德情感、道德意志、道德行为心理发展历程是一致的。"……道德心理不过是道德品质和道德行为习惯的心理定式。"[1]这种心理定式对巩固思想政治具有决定性意义的作用。

社会道德心理对社会文明具有促进或阻碍的重大影响，带动整个社会风气的发展方向。个体道德心理包括道德认知的选择、道德情感的培养、道德信念的树立、道德意志的锻炼、道德行为习惯的养成，其中关键是道德信念的树立，在思想政治教育中表现为受教育者对思想政治教育内容的认同程度。依据道德心理发展规律进行医学生思想政治教育内容的构建，要把握社会心理与学生个体心理状态，遵循道德心理发展的知情意行规律，保证思想政治教育内容的可接受性。可接受是进一步产生情感的前提，具有该前提思想政治教育内容才可能真正进入学生思维体系，内化为个体信念，形成意志行为。

2.3.4 一般系统论的理论

（1）系统及系统论

系统概念本身应用广泛，如循环系统、消化系统、公安系统、司法系统、教育系统、金融系统、电脑系统、操作系统、生态系统、开放系统、封闭系统、系统哲学、系统科学……不胜枚举。系统的历史悠久，但人类对系统特别是复杂系统的认识起步较晚。在不同的语境下系统的内涵不同，能够成为一个"系统"的一定是诸多相互关联的要素组合并相互影响，相互作用的整体，这一点已达成共识。贝塔朗菲认为"系统可以定义为相互作

---

[1] 窦炎国. 道德心理学[M]. 南京: 南京大学出版社, 1990:20-21.

用的诸要素的复合体"。"我们把极其复杂的研制对象称为系统，即由相互作用和相互依赖的若干组成部分结合成具有特定功能的有机整体，而且这个系统本身又是它们从属的更大系统的组成部分。"[1]《中华大辞典》对系统一词作了两种解释，名词"系统"是同类事物按一定关系组成的整体。副词的"系统"是"有条有理地"。作为一种科学理论，系统论发端于20世纪30年代，逐渐发展壮大，在自然科学和社会科学领域都发挥着较大的作用。

（2）一般系统论

1937年，奥地利理论生物学家贝塔朗菲在芝加哥大学的一次哲学讨论会上第一次提出一般系统论的概念，并于1945年发表《关于一般系统论》一文。"二战"后贝塔朗菲在美国讲学，期间深入研究系统论，把一般系统论思想进行了详尽阐释。其核心观点是不论系统的具体种类、组成部分的性质和它们之间的关系如何，均存在着适用于综合系统或子系统的一般模式、原则和规律。"由于他的出发点是生物学，所以在他的一般系统论中浸淫着一种不同于机械论气质的有机论传统、博物学传统与生态学姿态，甚至还不时流露出生物学与物理学观点和法则之间的冲突。"[2]1954年贝塔朗菲发起成立一般系统论学会（后又更名为一般系统论研究会），出版发行*Behavioral Science*杂志和《一般系统年鉴》。一般系统论与美国数学家维纳创始的控制论，美国数学家香农创立的信息论并称系统论的老三论。一般系统论的分支系统工程理论的应用价值得到广泛肯定，系统工程技术在军用民用领域、管理领域都得到广泛的

---

[1]　钱学森等.组织管理的技术——系统工程[J].上海理工大学学报,2011:521.

[2]　王一方.医学人文十五讲[M].北京:北京大学出版社,2006:107.

应用和发展。沿着贝塔朗菲开辟的道路，对复杂系统的研究又出现更多更有影响的理论，如耗散结构论、协同论、突变论等。现代系统论思想在国内的研究成果众多，除了以钱学森为代表的老一代研究者外，还有青年一代如林福永教授提出了一般系统结构理论的概念。

医学生思想政治教育内容也应当是一个运行良好的系统。建构医学生思想政治教育内容更要注重系统的完整性，理顺与外部思想政治教育宏观内容大系统及内部内容子系统的关系，探索建构的一般规律和原则及如何发挥内容系统在教育中的合力。除系统工程理论之外，耗散结构论、协同论等系统论对医学生思想政治教育内容的建构均有借鉴价值。

2.3.5　其他相关理论借鉴

随着思想政治教育学科的深入发展，出现了与话语论、认同论和传播学交叉的研究领域，这些理论也被借鉴用于指导教育实践。

（1）话语理论

话语理论源于语言学研究，后延伸到社会学、历史学领域。在法国，哲学家福柯把语言学领域的话语理论发展到哲学领域，提出了话语权理论，使得话语分析成为社会科学研究的重要方法之一。福柯认为"我们将把话语称为陈述（statements）的整体，以为它们隶属于同一个话语形式；……这是由有限的陈述构成的，我们能够为这些陈述确定存在条件的整体"。[1]他认为话语不仅是思想表达的工具符号，话语的产生有自己的规律，既是一定原则的产物又与权力相伴

---

[1] 米歇尔·福柯. 知识考古学[M]. 谢强, 马月, 译. 北京: 三联书店出版社, 1998:129.

生，"必须将话语看作是一系列事件，看作是政治事件：通过这些政治事件，它运载着政权并由政权又反过来控制着话语本身"。[1]福柯运用批判性分析和谱系分析方法研究了精神病学、医学、经济学等领域的话语。"在每个社会，话语的制造是同时受一定数量程序的控制、选择、组织和重新分配的，……"福柯在《话语的秩序》中揭示了话语产生的三种程序，即排斥程序（禁律、区别和歧视、真理和谬误）、内部程序（评论原则、话语冲淡原则、学科限制原则）、规范话语持有者的原则（仅规界定、话语社团原则、信条原则、话语的社会性占有）。因此，话语并不是一个自然生成的过程，一定是一个选择的过程，创造话语的目的就不言而喻了，所有的话语形式都是对话语的控制制度。如教育制度"它无非是对言语的仪规程式化，无非是赋予言语主体以资格并固定其角色，无非是在形成具有某种信条的群体（无论是如何扩散），无非是在分配和占有蕴含知识和力量的话语"。意大利共产党领袖葛兰西最早把话语与意识形态联系起来，"社会集团的霸权地位表现在以下两个方面——即'统治'的和'智识与道德领导权'"。[2]思想政治教育的意识形态性本质必然要求掌握话语权，这个话语权在形式上与历史存在的话语或其他意识形态话语没有差别，但在本质上是完全不同于其他话语的马克思主义的话语、人民的话语、代表人类先进文化和前进方向的话语。应用话语权理论，在医学生思想政治教育内容的建构中既能分析资本主义话语的本质，又能遵循话语规律构建马克思主义的

---

[1] 高宣扬. 当代法国思想五十年[M]. 北京: 中国人民大学出版社, 2005:260.

[2] 葛兰西. 狱中札记[M]. 曹雷雨, 姜丽, 张跣, 译. 北京: 中国社会科学出版社, 2000:38.

话语体系。

马克思主义话语权建设和话语体系建设的意识已经进入国家决策层面，如实施马克思主义理论研究和建设工程编写出版马克思主义的哲学、社会科学系列教材，重视构建中国特色的政治学思想、法治思想、经济学思想等。思想政治教育的内容既是政治话语又是学术话语，政治话语性质体现的是思想政治教育的意识形态性，学术话语性质体现的是思想政治教育学科和课程的科学性。思想政治教育内容作为政治话语有一定制度限制并保障其合法性，其影响力全社会必须接受；作为学术话语的影响力源于自发性和科学性，没有任何形式上的强制性，其影响力自由选择接受。思想政治教育的话语体系建设传统上政治性倾向强，因而形成了思想政治教育内容都是与政策相关的，功能上就是满足国家的需要的印象，其学术性弱、学术影响力不强。随着思想政治教育学科发展的科学化，思想政治教育学术精英往往起到思想引领的作用，思想政治教育内容的合理构建突出其学术性话语，增强思想政治教育的影响力，其政治性搭载学术性自然传播、发挥作用。医学生思想政治教育内容的建构是对以学生思想政治教育话语体系的独特构建，体现必需的政治性，突出学术性，在医学生思想政治教育实践中成为有效的教育话语。

（2）认同论

认同最先出现在心理学领域，后成为社会学或社会心理学的核心概念，20世纪60—70年代掀起研究热潮，"认同在社会学中泛指个人与他人有共同的想法。人们在交往过程中为他人的感情和经验所同化，或者自己的感情和经验足以同化他人，彼此之间产生内心的默契"。[1]从这个概念中可以看出认同被理解为双向影响认可的过程，作为社会人，实际上时刻都处于这种双向影响过程中。能够实现人与人之间的同化，是人们言行逻辑和价值观被接受并达到了认识的一致性。认同的最主要作用是个体对群体产生归属感，形成稳定的社会共同心理价值标准，价值认同是形成群体认同的关键因素。国家认同、民族认同、文化认同、组织认同、道德认同、政见认同等认同的形成都是因为对其中的价值具有统一认识并统一接受。认同论被应用于多个领域，在思想政治教育领域也有一些初步的涉猎，"所谓'思想政治教育社会认同'，至少包含两层意思：一是思想政治教育的内容要为受教育者所认同，二是思想政治教育本身包括其学科形态和实践形态要为社会所认同"。[2]思想政治教育社会认同的概念或许还不够严谨，但思想政治教育要取得实效离不开"认同"，不仅是笼统地对思想政治教育活动的认可，关键是对思想政治教育内容的接受程度，思想政治教育价值（作用）评价。因此，医学生思想政治教育内容建构要运用认同论的理论，以获得认同为目标，结合时代发展、医学教育发展、当代医学生心理特点，综合考量内容结构与具体整合安排。

（3）传播学理论

"传播指的是人与人的关系赖以成立和发展的机制——包括一切精神象征及其在空间中得到传递，在时间上得到保存的手段。它包括表情、态度和动作、声调、语言、文章、印刷品、铁路、电报、电话以及人类征服空间和时间的其他任何最

[1] 夏征农主编. 辞海[Z]. 上海辞书出版社. 2001:1763 .

[2] 周婷. 人文关怀：思想政治教育社会认同的必要支撑[J]. 求实, 2008:10.

新成果。"[1]传播概念是在20世纪初提出的，从这个概念可以看出，传播不仅是传递信息的动作、过程，还包括传播方法和传播内容。"传播学是研究社会信息系统及其运行规律的科学。"传播学研究五个类型的社会传播系统，即"人内传播、人际传播、群体传播、组织传播、大众传播"。[2]思想政治教育一般属于组织传播系统的一部分，同时涉及人内、人际、群体、大众传播系统。受教育者对教育信息的内部处理是人内传播，教育者与受教育者之间以及各自内部的信息影响与传递是人际传播，在家庭、朋友等自然群体间的政治思想、道德信息传播是群体传播，学校里有组织的思想政治教育是组织传播，对不确定的社会受众进行思想政治宣传教育是大众传播。传播学理论认为，人类的信息传播系统受到多种因素不确定变化的影响，可能出现影响传播效果的传播障碍，一般要从传播渠道和传播内容上寻找原因。因此，要达到信息传播的目的，传播的形式、方法很重要，如现代多媒体传播手段的使用，传播的内容是传播效果的重要因素，如信息源的可信性。医学生思想政治教育内容建构要借鉴传播学理论，遵循传播规律，在内容的选择和组织上下功夫，构建可信性强、传播效果可期的教育内容。

　　本章小结：本文所称医学生主要是指未来职业生涯中工作在临床，直接接触患者的高等医学院校本科生。思想政治教育是教育者以正确政治、思想、道德内容教育受教育者，使之成长为符合社会需要的人。医学生的思想政治教育是与医学教

---

[1] Charles Horton Cooley. Social Organization: A Study of the Larger mind[M]. Charles Scribner's Sons, New York, 1929:45.

[2] 郭庆光. 传播学教程[M]北京: 中国人民大学出版社, 2011:11-12.

育、医学生特点紧密相连的思想政治教育，因此，医学生思想政治教育应当与医学专业教育结合，与医学人文教育融合，突出医德教育，培养具有坚定政治立场、良好人文精神的卓越医生。建构反映这些特点的医学生思想政治教育内容应当立足思想政治教育内容理论、德育内容理论基础，借鉴道德心理发展理论、一般系统论、话语权理论、认同论及传播学理论，使内容组织更加科学、结构更加合理，更具吸引力、教育效果更好。

第三章　当代医学生思想政治教育内容的发展历程

医学高等教育是高等教育的重要组成部分，医学生思想政治教育是高校思想政治教育的一部分，医学生思想政治教育内容发展历程涵盖于高校思想政治教育内容历史发展之中。

3.1　初创阶段教育内容的探索

中华人民共和国成立初期百废待兴，各方面事业刚刚起步，新中国高等教育体系重建，高校思想政治教育受到高度重视。代行宪法职能的《共同纲领》指出："人民政府的文化教育工作，应以提高人民文化水平，培养国家建设人才，肃清封建的、买办的、法西斯思想，发展为人民服务的思想为主要任务。"可见培养什么人、为谁培养人是新教育区别于旧教育的根本标准，思想教育是教育摆脱旧教育性质，打上社会主义教育烙印的标志。

3.1.1　高校思想政治教育内容体系形成

新中国成立到社会主义改造完成，党和国家的任务是巩固政权、恢复经济、进行社会主义革命、实现过渡，思想政治教育工作要紧紧围绕这个任务开展。"新区学校安顿以后的主要工作，是有计划、有步骤地在教师和青年学生中进行政治与思想教育……应当提倡和鼓励马克思列宁主义世界观和毛泽东思想的学习。"[1]1950年，全国高等学校政治课教学讨论会召开，明确了政治思想教育的要点："一是应适当配合教学工作，并在系统理论的基础上，首先进行反对美帝侵略及批判对美帝存在幻想的教育，二是贯彻土改教育，三是发扬'五爱'教育。"[2]最初还没有具体的思想政治理论教育课程的安排，各高校都是根据时事形势进行政治报告学习。很快，根据全国教育工作会议和高等教育工作会议精神，各高校开始设置专门的思想政治理论课，即以正式的思想政治理论课开展思想政治教育。社会发展简史、新民主主义论、政治经济学是当时最先在高校开设的思想政治理论课。

　　1952年后，全国高校统一的、内容比较固定的思想政治理论课程体系初步形成，主要有三门课程，即辩证唯物主义与历史唯物主义、新民主主义论、政治经济学。1953年，部分大学的思想政治理论课开设为四门，即马列主义基础、中国革命史、政治经济学、辩证唯物主义与历史唯物主义。1956年9月，教育部颁发了关于高等院校思想政治理论课的专门文件，《关于高等学校政治理论课程的规定（试行方案）》"对1954年政治理论课程的规定做出开设'马克思主义基础、中国革命史、

---

[1]　高等教育部办公厅. 钱俊瑞在第一次全国教育工作会议上的总结报告要点（节录）-高等教育文献法令汇编（1949年—1952 年）[M]. 北京: 高等教育出版社, 1958:10-11.

[2]　高等教育部办公厅. 教育部关于全国高等学校暑期政治课教学讨论会情况及下学期政治课应注意事项的通报（节录）高等教育文献法令汇编（1949年—1952年）[M]. 北京: 高等教育出版社, 1958:76-79.

政治经济学、辩证唯物主义与历史唯物主义'的修改，……"[1]对各门课程在不同学校、不同专业开设的学时都给予了具体规定。

随着社会主义改造基本完成，社会主义制度在中国建立，为一切建设和发展奠定了制度基础，党和国家的主要任务是集中力量进行社会主义现代化建设。高校思想政治教育本应围绕这个任务展开，但受国际形势、事件影响，尤其是苏共二十大和"波匈"事件的影响，国内也出现了思想波动。毛泽东同志在《关于正确处理人民内部矛盾的问题》中指出"在知识分子和青年学生中间，最近一个时期，思想政治工作减弱了，出现了一些偏向。""不论是知识分子，还是青年学生，都应该努力学习。除了学习专业之外，在思想上要有所进步，政治上也要有所进步，这就需要学习马克思主义，学习时事政治。没有正确的政治观点，就等于没有灵魂"。[2]教育行政部门与中央宣传部做出了明确指示，以《关于正确处理人民内部矛盾的问题》为中心教材，辅以马列主义原著、党的一系列文件，原设四门思想政治理论课停开。1958年恢复思想政治理论课，改为三门，即马列主义基础、政治经济学和辩证唯物主义与历史唯物主义。

1961年，教育部颁发了一个重要文件，《改进高等学校共同政治理论课程教学的意见》，总结了高校思想政治理论课建

---

[1] 教育部社会科学司. 中华人民共和国高等教育部关于高等学校政治理论课程的规定（试行方案）[M]//普通高校思想政治教育理论课文献选编（1949—2008），北京: 中国人民大学出版社, 2007:27.

[2] 毛泽东. 关于正确处理人民内部矛盾的问题[M]//毛泽东. 毛泽东文集: 第7卷, 北京: 人民出版社, 1999:226.

设的经验和问题，明确了高校共同政治课程为两门，即马克思列宁主义基础理论和形势与任务，并在不同学校、专业作了区别安排。但受到指导思想和政治生活"左"转的影响，思想政治教育的理论性被现实运动所冲击。1964年宣传部、高教党组部、教育部临时党组颁发了《关于改进高等学校、中等学校政治理论课的意见》，指出思政课的任务"是配合学校各项思想政治工作，反对修正主义，同资产阶级争夺青年一代"。"政治理论课必须从思想上和理论上积极参加这一场阶级斗争，兴无产阶级思想，灭资产阶级思想；宣传马克思主义、毛泽东思想。政治理论课必须同国内国际的阶级斗争密切联系，……"思想政治理论课逐渐向现实政治运动方向发展。

　　坚持党在新民主主义革命时期思想政治工作传统，依托党、团组织，日常思想政治教育同时发展起来，并逐步制度化、常规化。1952年，教育部颁发《关于在高等学校有重点地试行政治工作制度的指示》，在高校成立了政治辅导处并组建辅导员队伍，专门负责学校的思想政治工作。各高校的日常思想政治工作与时事政治紧密结合，围绕不同时期的政治任务和政治号召，在学生中进行思想政治教育，"土地革命"宣传、"抗美援朝"保家卫国教育运动、"三反五反"教育运动、过渡时期总路线的学习与宣传、宪法的学习和宣传，强化了学生社会主义认识、爱国主义情感，这些活动既是日常思想政治教育的重要载体，同时也是思政课实践教育的重要组成部分。当然，日常思想政治教育与社会现实联系紧密，紧跟了政治生活的"左"倾方向，如反右斗争时，有些学校停课进行运动，并逐渐出现了以斗争形式进行思想政治教育的现象，青年学生中按比例出现了右派，埋下了思想政治教育是思想政治运动的认识隐患。"大跃进"运动时期，理论学习废弛，思想政治教育活动调动了缺乏正确理论基础的学生的政治热情，给人以思想政治教育"空"的印象。

在高校思想政治教育探索时期，党和国家充分认识到思想政治教育对人才培养的重要意义，在实践上不断调整课程设置，强化队伍建设，高校思想政治教育内容初步确立，思想政治教育为过渡时期和社会主义建设探索时期的工作顺利推进奠定了社会思想基础。同时，政治运动代替理论学习、日常思想政治教育就是政治运动的做法，实际上阻碍了高校思想政治教育的科学发展，其带来的负面影响至今还有残留。

3.1.2　医学生思想政治教育的主要内容的确立

中国共产党独立兴办医学教育始于1931年，在江西成立了中国工农红军卫生学校，此后相继开办了医务学校、护士学校、卫生人员训练班等。为适应战争需要和根据地人民卫生需要，注重医药卫生教育的发展，各种专门学校纷纷成立，并辅以各医院举办的短训班。1940年在延安，原中国工农红军卫生学校更名为中国医科大学（现为中国医科大学），开始进行规范化建设，学制四年，制订了比较完善的教学计划。当时的医学生的思想政治教育没有正式的课程，由校领导或教员每周为学员讲解政治形势1~2次来代替，日常的思想政治教育是医学学员参加生产劳动、支援前线、理论宣传等活动。此时医学生的思想政治教育并未作为一个问题或专门的工作提出来，是因为在党的领导下的根据地、解放区，思想政治工作是一项覆盖全党、全军、全民的工作，革命战争年代人们时刻处于动员状态，思想政治工作是日常生活的一部分。

新中国成立后，卫生教育事业开启了新篇章，新政权接管了原公立和私立医学院校，接办了外国教会出资的医学院。为顺利进行对旧医学院校教育的改造，培养他们为人民服务的意识，一些思想教育方法和一些组织办法被运用和实施。医学教育方针明确，统一学制、统一招生分配，医学教育进入国家教育发展计划。

高等医学教育是由教育部和原卫生部共同管理，医学生的思想政治教育由教育部负责。随着旧学校改造完成，各医学院校设置调整完成，医学生思想政治教育作为医学教育的重要组成部分同其他高校一样建立了教育机构和教育体系，在内容安排上与综合类和师范类高校有所区别，思政课的课程少开设一门，为三门，即马列主义基础课、中国革命史、辩证唯物主义与历史唯物主义；在学时安排上，马列主义基础课比文科类专业少34学时，开课68学时，中国革命史比文科类专业少34学时，为102学时，辩证唯物主义与历史唯物主义比工科类专业多34学时，是102学时。可见，医学生的思想政治教育内容安排上首先考虑到是否是大学生应掌握的思想政治基础知识，如政治经济学就被认为与医学生专业学习联系不大而没有开设，其他内容从学时安排上可以看到对医学生的要求不同，可能是考虑到医学生专业学习任务繁重，削减了两门课程的学时，但辩证唯物主义和历史唯物主义与文科专业学时持平。这些内容与学时的安排反映了一种矛盾的认识，既看到了医学的人学性，医学生应重点把握哲学的理论知识，同时又把医学教育看作是理工类，在政治知识学习方面放宽要求。当然，当时对学生思想政治教育的重点在中国革命史教育上是与当时的国内、国际形势分不开的，要求学生理解中国革命"两步走"和过渡到社会主义的必然性。

医学生思想政治教育内容明确的安排是在1956年，其后，随着政治生活的"左"倾，医学生思想政治教育的内容在大气候下同样发生了变化，既经历过停课学习党的文件、马列经典著作和自由辩论阶段，也经历过思想政治教育内容不断调试阶段。60年代后，教育部再一次明文规定高校思政教育内容和课程设置，其中医学生要学习中共党史和懂得马克思列宁主义概论，思想政治理论课学时不超出课堂教学总时数的10%，同综合类大学相较，学时比例低一半，学习内容少一半。由于没有统编教材，教育部又给出了替代内容的指示。

这一时期医学生思想政治教育课程与内容安排反复调整，一方面是高等教育是党和国家的关怀事业，改革旧教育体制建立新教育体制，在探索过程中必然要不断尝试、调整；另一方面思想政治教育是党的一项优良传统，在高等教育中如何有效进行，也要考虑国情、学情、专业特点。这一时期医学生思想政治教育内容安排笼统，具体内容不统一，具有突出的政治性。

3.2 曲折阶段政治运动的替代

在已出现的政治"左"倾之后，家国政治生活终于走到了极"左"的阶段。1966年，"五一六"通知标志"文化大革命"开始。由于对社会主要矛盾的错误判断，全国工作重心都转移到阶级斗争上来，高校思想政治教育出现严重倒退，思想政治工作原有的有效性原则全部被摒弃。

3.2.1　高校非正常化的思想政治教育内容

在"文化大革命"极"左"思想的指导下，高校思想政治教育的目的是培养学生的阶级觉悟，内容以与走资派的阶级斗争和自我思想改造为主。

1966年，毛泽东同志在"五·七"指示中提道："学制要缩短，教育要革命，资产阶级知识分子统治学校的现象，再也不能继续下去了。"因此，高校里的运动主要有两项，一个是教育大革命，一个是学术大批判。教育大革命，高校原有组织机构废弛，教师学生混编成军队的建制，称作连队或革命小队，与生产劳动相结合搞教育革命实践，随着革命教育实践活动的深入开展，大批教师下放到农村厂矿，高校无法进行正常的教育教学活动。学术大批判，高校里阶级斗争的目标就对准了"资产阶级知识分子"，大批高校教师被打倒，工宣队进入高校成立革委会领导工作，主要开展突出政治的各种运动代替理论学习，用泛化的、阶级斗争为主要内容的思想政治教育代替了全部教育教学活动，这既违背了高校的宗旨，也违反了教育规律。全国高校秩序混乱，1966年，高校停止招生。

1970年，高校开始复课，同时恢复招生。高校招收的并非正常的高考学生，而是不经考试选拔的"工农兵大学生"。"1970—1976年全国共招收七届工农兵学员，总计94万人"。[1]工农兵大学生进入大学不仅要学习，这些从各领域选送的先进人才还肩负着在大学里继续革命斗争的任务，要管理和改造大学。有了学生，高校开始复课，根据《北京大学、清华大学关于招生（试点）的请示报告》，高校主要课程有：以

---

[1]　周全华. "文化大革命"中的教育革命[M]. 广州: 广东教育出版社, 1999:181.

毛主席著作作为基本教材的政治课；实行教学、科研、生产三结合的业务课；以战备为内容的军事体育课。《全国教育工作会议纪要》强调：“教育必须突出无产阶级政治，用政治统帅业务，把转变学生思想放在首位。”“工农兵学员要认真读马、列的书，读毛主席的书，坚持以阶级斗争为主课，始终把坚定正确的政治方向放在第一位”。虽然看起来，突出了政治理论课的地位，似乎高校应该有正常的教学活动，但实际上为了防止工农兵学员的纯粹性受到腐蚀干扰，他们拒绝思想政治理论教师的教学，而以自学和自我反省为主要的学习方式。

这个特殊时期，在全社会全员参与的政治运动中，似乎思想政治教育的地位无限上升，其作用无限扩大，但实际上发动群众参与其中，否定理论家的权威性，断章取义地宣传和理解理论，以领导人的错误论断为根本指针的政治运动恰恰是对思想政治教育科学性的削弱，尤其是在高校中贻害无穷，政治运动代替正常的思想政治教育，使高校思想政治教育成为所谓阶级斗争的工具。

3.2.2 “左”的路线影响下的医学生思想政治教育内容

医学生思想政治教育内容在这个非正常政治气候中也难以幸免，与其他高校一样，停止招生、停课搞阶级斗争，正规的思想政治理论课被取消，这是总的形势。具体来看，由于医学教育在运动中出现的不同于其他高校的特殊情况，医学生的思想政治教育内容表现出了特殊性。

1965年，毛泽东同志发出“把医疗卫生工作的重点放到农村去”的指示，医学教育的一项重要任务出台——培养赤脚医生。1968年《红旗》杂志编辑部发表了《从"赤脚医生"的成长看医学教育革命的方向》的调查报告，该报告强调医学教育必须为无产阶级政治服务，因此，医学院校的招生对象主要应是"赤脚医生"和卫生员。对于赤脚医生的培养，很重要的一条是思想政治教育，而这个教育要由贫下中农担任教师，以"老三篇"为基本教材，贫下中农亲自去对他们进行阶级教育。最后还提出"赤脚医生"中除了一部分进入学校学习外，绝大部分都应当坚持扎根农村，可以采用卫生院医生和"赤脚医生"上下定期对调的办法，加以提高。该报告之后，培养"赤脚医生"成为医学教育革命的方向，医学教育的专业理论系统学习被否定，学生的阶级成分、阶级觉悟成为关注和教育的重点。"赤脚医生"成为特殊招生对象，思想政治教育内容以扎根农村、服务贫下中农为主，这是正确的，但同时灌输了高级卫生人才培养就是资本主义复辟，工人阶级、贫下中农掌握卫生事业领导权等内容则是极"左"指导思想的表现。

　　培养"赤脚医生"是医学教育革命的方向，医学院校原有的学员如何安排呢？"医学院校的师生及医务人员纷纷下放到农村"，走赤脚医生的道路，"每个班各配备一两名或两三名临床医师与基础教师。一竿子放到农村生产队，强调到生产第一线，到防病治病第一线去学习，并声称越下到基层越革命，越能体现理论联系实际的马列主义方向"。[1] 这样，原本应该在教室里、实验室里踏踏实实学习的医学生，参加生产劳动，美其名曰"在实践中学习"。他们既要参加生产，又要参加阶级斗争，还要参加军事训练，实际业务学习时间很短，主要的时间都用来向工农学习、进行阶级斗争和自我思想改造，几乎

---

[1]　朱潮主编. 中外医学教育史[M]. 上海: 上海医科大学出版社, 1988:179.

都处在思想政治的学习和锻炼中。可以想见，经过停止招生的四年、招收工农兵短学制学员七年，医学教育事业和卫生事业遭受了严重损失，"五年中高、中等医学院校初步计算少招学生250,825人。……少招药学专业5,000名学生。……推荐入学的工农兵学员163,901人。……这批学员训练不足，质量不高，造成我国卫生技术队伍中比例失调、青黄不接的状况，……"[1186]

由于受"知识越多越反动"指导思想的影响，把学习专业基础知识看作是"智育第一"的资产阶级办学方向，医学教育的学制短，专业教材粗糙，基础知识学习乏。表面上看，医学生处在如火如荼的政治运动中，时刻进行着自我思想改造，实际上这不仅偏离了正常的思想政治教育，甚至已经不是马克思主义理论指导下的科学的思想政治教育了，所倡导的"活学活用"实际就是随意引用毛泽东著作中的话，用在主观臆想的条件和环境中，出现许多不可思议的现象。如"革命不是请客吃饭"就要粗暴对待一切被认定为阶级敌人的人。所以，这一时期医学生思想政治教育的内容有合理之处，如要参加生产劳动，了解人民群众的需要，劳动教育等，但过多的政治运动、政治活动，以及极"左"思想都不是真正的思想政治教育内容。

3.3 发展阶段科学规范的指向

"文化大革命"结束后，经过两年的徘徊，中国政治开始全面拨乱反正，1977年恢复高考，思想政治教育逐渐正常化。随着改革开放深入发展，人才培养的重要性凸显，在多样社会思潮共存的社会条件下，如何培养合格的社会主义建设者和接班人，思想政治教育是立德树人根本任务实现的主渠道。

3.3.1　高校思想政治教育内容的恢复与发展

1976—1978年，两个"凡是"阻碍了"左"倾错误的纠正，1978年5月以《实践是检验真理的唯一标准》一文发表为标志，展开了真理标准问题大讨论，经过持续将近半年的讨论，突破了两个"凡是"思想的束缚，社会整体政治风气好转，高校思想政治教育开始走向正常化。

（1）思想政治理论课程及教学秩序得以恢复

1978年国家教委颁发了《关于加强高等学校马列主义理论教育的意见》，对思想政治理论课程、教学内容、师资队伍等都做了明确规定，并对文科和理工科院校的课程、学时作了区分；1980年《改进和加强高等学校马列主义课的试行办法》的颁发，对高校思想政治理论课建设提出了更为详细的要求，是思想政治理论教育系统化的开端；1982年和1984年国家教委相继印发了《高等学校开设共产主义思想品德课的通知》，开始有计划地开设思想政治教育课程；1984年中宣部、国家教委联合印发《关于加强和改进高等院校马列主义理论教育的若干规定》，首次增设了联系中国社会主义建设实际的课程，即《中国社会主义建设基本问题》。随着思想政治教育课程的恢复，高校思想政治工作逐步回到本来的育人轨道，用真正的马克思主义理论教育学生。

（2）思想政治教育学科确立与建设

1984年，国家教委印发《关于在十二所院校设置思想政治教育专业的意见》，南开大学、武汉大学等十二所高校开始招收思想政治教育本科生，为思想政治教育特别是高等院校思想政治教育工作培养专业人才，思想政治教育走上科学化发展道路。1987年《中共中央关于改进和加强高等学校思想政治工作的决定》指出 "思想政治教育是一门以马克思主义理论为基础，综合性和实践性都比较强的学科"。同年国家教委发出了《关于思想政治教育专业培养硕士研究生实施意见》的通知，第二年，南开大学、武汉大学等十所院校招收思想政治教育专业硕士研究生。1996年，马克思主义理论与思想政治教育学科博士点开始建立。2001年马克思主义理论和思想政治教育学科又有了国家重点建设学科单位，学科建设逐步升级。学科发展具有里程碑意义的事件是2005年国务院学位办和教育部联合下发《关于调整增设马克思主义理论一级学科及所属二级学科的通知》，马克思主义理论与思想政治教育专业有了自己完整的一级、二级学科体系，其中专设思想政治教育二级学科，思想政治教育有了自己的学科 "码头"。自此，思想政治教育人才队伍逐渐壮大，研究成果丰富，研究领域细化，学科建设逐步取得长足发展。

（3）思想政治理论课程建设规范化

在思想政治教育学科建设发展的推动下，高校思想政治理论课程建设逐步规范化。1985年《中共中央关于改革学校思想品德和政治理论课程教学的通知》发布，国家教委下发了贯彻该文件的意见，提出了政治理论课教学改革工作和课程建设规划与目标，即形成了高校思想政治理论课 "85" 方案，开设两类课程，马克思主义理论课和思想品德课，通称 "两课"；1998年中宣部和教育部《关于普通高等学校 "两课" 课程设置的规定及其实施工作的意见》，对高校 "两课" 重新进行设置，称作 "98" 方案；2004年《中共中央国务院关于进一步加

强和改进大学生思想政治教育的意见》出台，2005年根据此文
件，中宣部和教育部联合下发《关于进一步加强和改进高等学
校思想政治理论课的意见》，形成了"05"方案，思想政治教
育理论课调整为《马克思主义原理》《毛泽东思想、邓小平理
论和"三个代表"重要思想概论》（现为《毛泽东思想和中国
特色社会主义理论体系概论》）《中国近现代史纲要》《思想
道德修养与法律基础》及"形势与政策"课，此方案为现行方
案。2015年教育部出台了普通高校思想政治理论课建设标准，
极大推进了高校思想政治理论课建设。高校思想政治理论课改
革过程体现了社会变迁对思想政治工作提出的时代要求，体现
了学科建设深入发展的成果，体现了新时期中国特色社会主义
的阶段性特征；改革的方向是内容的系统性，改革的目标是教
育的实效性。

（4）日常思想政治教育正规化

1978年，国家教委颁布《全国重点高等学校暂行工
作条例》，规定"在一、二年级中设政治辅导员和班主
任"。[1]1980年，国家教委和共青团中央联合发布《关于加强
高等学校学生思想政治工作的意见》，要求学校党委将学生思
想政治教育工作列入重要议事日程，校、系两级都要有一名副
书记主管学生思想政治教育工作。[2]日常思想政治教育工作有
了专门的工作队伍，有了一套工作机制，并强化了党对高校思
想政治工作的领导。日常思想政治教育内容在不同阶段侧重点

---

[1]　何东昌. 中华人民共和国重要教育文献（1976—1990）[M]. 海口: 海南出版社,
1998:1646.

[2]　教育部社会科学司. 普通高校思想政治理论课文献选编（1949—2006）[M]北京:
中国人民大学出版社,2007:83.

有所不同，以反资产阶级自由化为主要目标时，教育内容就是着力加强四项基本原则教育、中国历史教育；随着改革开放的深入和国家实力的增强，教育内容以体验社会主义建设伟大成就为主；进入新世纪，以社会主义核心价值体系为引领，以社会主义核心价值观践行和培育为重点；进入新时代，高校思想政治教育地位愈加重要，全员、全方位、全过程进行思想政治教育，重点内容就是"四个自信"。2016年12月习近平总书记在全国高校思想政治教育工作会议上作了重要讲话，对高校思想政治教育在高等教育发展、国家发展与民族复兴中的作用给予充分肯定，并提出了具体要求，是今后高校思想政治教育的指导思想和工作指南。高校日常思想政治教育工作有队伍保障、政策保障，与学生的学习生活紧密相连，在思想政治教育工作中应当发挥更具实效性的作用。

3.3.2　医学生思想政治教育内容的发展

医学生思想政治教育在大的环境影响下同步恢复和发展，在内容上彻底摆脱了唯政治化以及为了政治而政治的"左"的倾向，并随着医学专业教育的正常化逐步完善。

在国家教委颁发的各类关于高校思想政治教育工作文件基础上，原卫生部针对医学院校医学生思想政治教育工作召开专门会议进行研讨和指导：1979年召开医药学院学生思想政治工作会议，分析学生思想情况，对如何加强思想政治工作进行了讨论；1981年召开部属高等医学院校工作会议，认为应针对青年人的特点，开展内容多样、积极健康、适合青年的活动。原卫生部《关于加强部属医学院校学生思想政治教育工作的几点意见》确定了医学院校思想政治教育内容：马列主义基本理论教育，四项基本原则教育，爱国主义和国家主义教育，共产主义道德品质教育和医德教育，劳动教育。

医学生思想政治理论课程得到建设和发展。教育行政部门在有关高校思想政治理论课程的设置和学时安排上一般是把医学生与理、工、农归为一类，在"文化大革命"后刚刚恢复思想政治理论课设置时，安排了党史、政治经济学、哲学三门课，文科增设国际共产主义运动史课，医学生的思想政治理论课占总学时的10%左右，每门课至少为70学时。"85"方案在执行过程中采取了实事求是的方式，马克思主义基本原理课各校根据自身师资条件选择性灵活开课，医学院校也就出现了思想政治理论课开课内容不统一的现象。1995年，国家教委在"两课"教学改革意见中，明确了医学生思想政治理论课为六门，总学时为至少285学时。"98"方案整合了"两课"设置，明确了每门课程的具体授课时数，医学生思想政治理论课内容与其他学生无异，总学时少于文科类学生，为287学时。"05"方案在内容和学时安排上不再作不同专业类型学生的区分，一律为四门必修课加"形势与政策"课，总学时288学时。

本章小结：当代医学生思想政治教育内容是在时代变化与高校思想政治教育内容的变化中变化和发展的。教育内容反映了时代发展要求、社会发展要求，以马克思主义为指导思想，进行马克思主义意识形态的教育，并把高校学生作为思想政治教育的重点对象。初创阶段是要用马克思主义理论改造思想，培养具有社会主义思想的人才，高校思想政治教育内容的设计既有自己的思考，也学习借鉴了苏联的内容安排；但受到极"左"思想路线影响，思想政治教育内容服从了阶级斗争的需要，群众性政治运动代替了正常的思想政治教育内容，不仅对思想政治教育，而且对高等教育的正常教育秩序造成极大破坏，造成了思想政治教育及其内容的曲折发展，耽误了人才培养；拨乱反正之后，党和国家恢复了实事求是思想路线，高校思想政治教育内容回到正常发展的轨道上来，这一时期高校思想政治教育内容调整频率高，学科化建设步伐加快，虽有小波折，但重视程度逐渐加强，反映了党和国家对思想政治教育认识的深化和新时期社会诉求。医学生思想政治教育内容发展随着高校思想政治教育内容变化起起伏伏，在内容的具体操作上教育行政部门注意到了医学生思想政治教育的特殊性，但在具体内容安排上并未有明显的医学生思想政治教育的特点。在高校思想政治教育内容的总体设计框架下，要针对医学生进行具体内容的建构，使之具有自己的特点，更好地发挥思想政治教育的功能。

第四章 当代医学生思想政治教育内容的借鉴

医学生思想政治教育与医学职业的诞生同步，只是古今中外对其称谓不同而已。国外一般称作医学生的公民教育，中国古代称作修身教育或道德教化。在医学教育历史发展的长河中，人类积累了宝贵的医学生思想政治教育资源，可以为当代中国医学生思想政治教育提供有益借鉴。

4.1 中外医学生思想政治教育内容的历史继承与借鉴

在中外古代及近代医学教育历史中，形成了各具特色的医学生思想政治教育传统，其教育内容虽有文化差异，但也不乏共性。

4.1.1 中国传统医学生思想政治教育内容

中国古代既没有公民教育理念，也没有明确的思想政治教育的概念，但思想政治教育的实践无处不在。中医学是在中国文化背景下生长的本土医学，与中国古代思想政治教育具有同样的文化渊源，思想政治教育是中医学的一部分。最早的医学著作《黄帝内经》的哲学基础就是"天人合一"，中医学的发展与中国文化的发展相融相濡，密不可分，元代大医朱震亨曾这样定性医学，"医乃吾儒格物致知一事"，医者乃出自儒生。"每早对先天图静坐，玩读《孝经》《论语》《小学》；大有资力者，次及全部四书古易白文，及《书经》《洪箴》《无逸》《尧典》，理会大意，不必强记。盖医出于儒，非读书明理，终是庸俗昏昧，不能疏通变化。"[1]

根据甲骨文记载，早在中国的原始社会就有了医疗卫生活动，但还没有专职的医生，最早出现的医疗专职人员是巫，当然也不会有有意识的医学教育，只是人们积累的对疾病的认识和治疗方法得到了经验性传承。到了周朝，出现了比较严密的医疗卫生制度和专职医疗卫生工作人员，这在《周礼·天官》中有详细记载，也有了师带徒的医学教育。医学学徒的选择是根据德、智双重标准，通常聪明正直的人会被选为医学弟子，正所谓"得其人乃传，非其人勿言"。根据史料记载，最早的医学校出现在南北朝时期，北魏官职中设有太一博士，即国家委聘的医学教官，南朝刘宋王朝，"宋元嘉二十年（公元443年），太医令秦承祖奏置医学以广教授"。（出自《唐六典》），此后形成了师徒家传与官方医学校并存的医学教育格局。历代医学校在录取医学生时也同样重视学生品质及其家学渊源，医学世家子弟进入医学校具有一定的身份优势。师徒教育形式仍严格尊崇以德为先，"夫医者，非仁爱不可托也；非聪明理达不可任也；非廉洁纯良不可信也"。[2]中国古代对医学生的思想政治教育是教化的一部分，其内容主要有以下几方

---

[1] 明·李梴. 医学入门(下)[M]. 天津: 天津科学技术出版社, 1999:1487.

[2] 晋·杨泉. 物理论[M]. 平津馆存版, 嘉庆十年刻:15.

面。

　　思想政治教育在中国古代的名词表达是"教化"或"德教"，思想政治教育的目的都是为统治阶级的利益服务，为维护统治阶级的统治营造稳定的社会环境。中国古代从第一个阶级国家诞生起，政治伦理教育就伴随始终，政治伦理教育不仅是思想政治教育的内容，也是全部教育的主要内容。在西周之后政治伦理教育的内容集中于"礼"的教育。"礼是指维护等级制度的各种政治准则、道德规范和各项典章制度的总称，……"[1]就是人们的政治生活和日常生活中各自生活地位的确认及应当遵守的行为规范。礼涵盖了国家的、个人的渗透到生活的方方面面的行为规范，如国家政治生活中的登基大典、祭祀大典、外交、军事活动仪式等，个人生活中出生礼、冠礼、婚礼、丧礼、祭礼等。"礼"不仅为大家熟知，而且是人人日用行常的行为规范。春秋战国时期"礼"被多种政治主张所冲击，即孔子疾呼的"礼崩乐坏"，百家争鸣中法家的政治主张成为强大诸侯国思想政治教育的主要内容。汉武帝"独尊儒术"之后，孔子所述"礼"及其著作和思想成为思想政治教育的主要内容，虽然此后经历了一些冲击（如佛教），但"礼"一直是中国封建王朝思想政治教育内容的主线，并由后世儒学大家进行注疏和发展，并且其主要内容进入了官方指定教材和考试内容。在生活中要用到"礼"，在学习中始终学习"礼"，中国古代礼的教化是非常成功的。医学生虽然专攻医术医学，但在可以学医之前都先接受了与其他青少年无差别的"礼"的教化，如李时珍，是在多次赶考未果情况下，无奈放弃仕途转而承继家学，最终成为名冠中外的大医。由此可见，

[1]　武东生等.中国古代思想政治教育史[M].天津:南开大学出版社,2013:49.

政治伦理教育是医学生或学徒作为臣民必须接受的教育。

修身教育是中国古代思想政治教育的重要内容，目的是为统治阶级培养所需人才。修身教育的具体内容随不同年龄段有所区别，在朱熹之后分为小学和大学，小学主要进行基本道德训练，洒扫庭除的行为习惯养成是重点。大学的修身教育从《大学》开始，"大学之道，在明明德，在新民，在止于至善"。这是《大学》开篇的修身三纲领，"格物、致知、诚意、正心、修身、齐家、治国、平天下"是修身的八条目。进入大学，修身的基础和目标要比小学正式、复杂、任重。《大学》特别强调失去公允的判断力的身不修，则易造成处事失当，无法齐家、治国、平天下。慎独、宽容、仁爱等既是修身内容也是方法，诚于中形于外，人内心的诚意一定会表现在外在行为上，古人相信品德高尚的人在独处时也必定是谨言慎行，严格要求自己的。确实，一个人内心是否有坚定的道德信仰会在行为中表现出来，长期的内心沉淀积累才能自然而然在行为中流露内心的道德信仰。修身是道德、政治伦理品格养成的基础和出发点，是"内圣外王"的基础，"自天子以至于庶人，一是皆以修身为本"。医学生或学徒亦在其列。

家国同构理念是中国古代非常重要的政治观念，是几千年社会稳定的重要文化基础。家原意指诸侯士大夫的大家族大家庭，"齐家、治国、平天下"中的"家"就是此意，后泛化理解为社会细胞——家庭。家国同构理念源于父权与君权在各自领域的核心地位和绝对权威，各自的伦理要求就是"孝"与"忠"。对家国同构的认识若只停留在二者结构类似的层面就没有思想政治教育的意义了，家国同构理念的价值在于家是国的基础，家庭伦理是国家政治伦理的基础，家庭伦理教育是为国家统治与社会治理服务的。所以"一家仁，一国兴仁；一家让，一国兴让；一人贪戾，一国作乱"。家庭伦理教育除了保持家庭的秩序，维护家长权威外，更重要的是其政治价值。"其为人也孝悌，而好犯上者，鲜矣；不好犯上，而好作乱者，未之有也。君子务本，本立而道生。孝悌也者，其为人之本与？"家庭伦理教育的内容无处不在，母教父训、乡约民俗贯穿一个人的终生，能够入学得更加强调家庭伦理的学习。从蒙学开始，家庭伦理教育始终是重要的学习内容，《弟子规》等就是专门论述家庭伦理与人伦的著作，也是学生学习的教材。家庭伦理的作用又不仅局限于家庭中的长幼父子、夫妻兄弟之间，可扩大到社会中的长幼、师生、朋辈之间，进而上升到国家政治秩序层面，孝亲忠君、念家爱国是为一理。无论是家传、还是进入太学的医学生成长在伦理编织的社会关系网中，扮演不同的角色遵从不同的伦理规则，父慈子孝、兄友弟恭、夫义妇听、朋友交于信等等，这些是基本人伦，对医者又有专门的要求。

中医是中国文化的一部分，医学教育与一般的教育在教育理念、人才培养目标方面是一致的，医学生所接受的政治、思想的教育全面而深刻，医学生通过读书穷理一般都具备了良好的政治、思想、道德素质，但因为医者要对生命负责，自古以来对医德教育又格外看重。"天覆地载，万物皆备，莫贵于人"（《黄帝内经》），生命贵重教育是医德教育的首要内容。生命贵重不可儿戏，学医就是一项慎之又慎的职业选择。自古医术有仁术之称，医者有仁心，仁者爱人。医者仁爱之心又应当是平等心，"若有疾危来救者，不得问其贵贱贫富，长幼妍媸，怨亲善友，华夷愚智，普同一等"（孙思邈）。以义为利是医德教育的重要内容。如果把学医作为谋生手段，那么取利理所应当，但中医学从选徒开始就注重品格，医者以救死扶伤为天职，只应看到病人而不是病人的身份及其支付能力，"医药为用，性命所系"，唯其如此，古代医学生走上职业道路的动机虽然不同但大多是有志于此，如朱震亨便是出于孝道三十岁开始学医，终成一代名医大儒。古代的名医在道德上都是世人楷模，都有重义轻利、无私奉献的高尚品格，都有"不为良相，即为良医"的社会责任感，都有"勤求古训，博采众方"的敬业敬业精神，做一名良医的道德要求是超越一般人的，宋代的《省心录·论医》中指出，"无恒德者，不可以作医"，对医者的道德修养堪比圣人。

中国古代医学生思想政治教育内容源自中华民族文化之根，创造性传承与创新性发展优秀传统文化是当代医学生思想政治教育必须承担的责任。政治伦理教育中的秩序和谐教育，国家各种庆典活动的礼仪，特别是日常生活中的礼仪不仅应当从知识层面传承，更应当在实际生活中创新性践行。古代的政治伦理教育辅助的是"乐"的内容，这一点也值得借鉴和传承，这是一种将政治伦理内容和程序以"乐"的方式进行熏陶的一种隐性教育内容，潜移默化但教育效果良好。个人修养方面的内容更有大量可挖掘的内容，当代的医学生并没有经过诸如家学渊源、个性特征、道德认知的筛选，只是通过统一高考就被录取，又面临着市场经济条件下以物质为衡量成就标准的现状，培养不计名利、甘愿奉献的医务工作者，外在影响固然重要，个人修养是更为根本的内在动力。古代的个人修身的内容与医学生个人理想抱负、社会责任感都有共鸣，可借鉴作为学生自我修养的内容和方法。家庭伦理教育是亟待继承和发展的内容，家庭教育确实是社会化的重要途径，家教、家风、家庭伦理关系内容应成为现代家庭教育承继的内容，改变现代核心家庭伦理秩序倒置的现象，才能培养出适合医学职业的后备力量。医德教育内容可供学习和借鉴的内容更为丰富，不仅有古代的医德教育书籍、格言警句，而且历代名医的故事生动诠释着"良医"的内涵，这些都是对医学生进行思想政治教育最直接的资源。

4.1.2　国外古代至近代医学生思想政治教育内容

国外医学发源于古希腊，始于外伤和流行病（因为内科学由神掌握），通常与中国的"中医"相对称为"西医"，国外医学教育即为西医教育。西医教育最开始也是家传形式，公元前6—7世纪出现了医学著作，改变了医学教育的家传传统，为大众医学教育出现创造了条件。发展到罗马时代，虽然因为医生社会地位低下妇女与奴隶可以学医，但这却是西医教育的进步。欧洲中世纪时期（五世纪至十七世纪后半期）医学教育一度由僧侣垄断，十一世纪开始出现了大学，取代了修道院医学教育，到十四世纪，欧洲已经建立40多所大学。同一时期，接受了希腊文化的阿拉伯世界的医学发展起来，十一世纪达到鼎盛状态，十四世纪衰落，阿拉伯特色的医学及医学教育几乎消失殆尽。近代之后阿拉伯成为欧洲殖民地，医学教育移植了欧洲模式。继阿拉伯医学辉煌之后医学教育中心转到欧洲，近代之后，欧洲各国纷纷发展了各具特色的医学教育。近代以来，物理、生物科学的飞速进步促进了医学技术的跨越式发展，西医教育的模式逐渐趋同。西医教育诞生伊始也非常重视医学生的思想政治教育，这既是每个时代每个国家对公民素质的要求，也是医学职业的要求。

医学教育发展到古罗马医学教育，再到阿拉伯医学教育，由于古希腊医学与哲学不可分割的关系（医学家同时又是哲学家），医学生的哲学学习是必不可少的，而哲学是对世界和人生终极问题的追问，因此，国外医学生的思想政治教育的首要内容是哲学教育。古希腊时期医学与哲学相互融合，或者说医学包含在哲学中，医学家同时又是哲学家。无论是家传还是师徒医学教育，学习哲学是医学生"必修课"。理论医学被看作是医学正统，会外科手术的医生被看作与理发师一样的技术人员，"[1]理论医学很大程度上是掌握在自然哲学家手里，……"所以学习、研究医学必须掌握哲学。当时的哲学派别林立，在与不同的哲学相融合之后，医学和医学教育同样分为诸多派系。古希腊的自然哲学渗透到医学的方方面面，对医学及医学教育影响比较深刻的有米利都学派、毕达哥拉斯学派、埃弗斯学派、爱利亚学派等。学习的主要内容是追问自然本原问题、围绕本原问题的思考和论述，如泰勒斯水生万物、万物复归于水的世界本原论，德谟克利特的原子论的世界本原论，毕达哥拉斯的万物皆数的世界本原论等等。这些理论对于探索人体的构造、疾病的发生具有指导意义，但也灌输给医学生重理论轻实践的思想，一直延续了十几个世纪。医学与哲学的这种近亲关系，使西医教育一直保留哲学教育的传统，这对医学生如何看待人、看待疾病、看待死亡具有人生观教育意义。

古希腊时期神话文化发达，但宗教对医学教育的影响较小，发展到中世纪时期，宗教统治了一切，医学教育的宗教色

---

[1]　朱潮主编. 中外医学教育史[M]. 上海: 上海医科大学出版社, 1988:246.

彩十分浓重。此时的医学教育称作修道院教育，对圣经的理解和宗教教义的学习是医学生必修课，主要内容是论证和解释圣经的真实性，相信包括医学知识在内的所有知识都来自神启。宗教教育一方面发挥了积极作用，培养医学生忠诚精神、平等待人精神、奉献精神等；另一方面也产生了不小的消极作用，阻碍了医学进步，如根据圣经所说亚当抽出一根肋骨造出了夏娃，所以就认为男人比女人少了一根肋骨，反对人体解剖等。从中世纪起医学与宗教结下不解之缘，直至当代，宗教课程在医学院及所有大学中普遍开设，并且必修、选修课程都非常丰富。宗教教育成为医学生思想政治教育的一个有效资源。

医德教育是医学教育与生俱来的教育任务和内容。古希腊西医和西医教育诞生时对医学生的选择和要求标准就是很高的，一些经典医学著作中都提到了身体和精神素质俱佳的人才适合做医生。在罗马时代自觉的有意识的医德教育开始出现，除了为世人所熟知的希波克拉底《誓言》外，有三部医德著作最为著名，"它们是灵气学派（Pneumatist）希罗多德（Herodotus）著的*The physician*，普西多·盖伦（Psedo-Galen）著的*Zntroductio Sive Medieus*和假索兰纳斯之名写的所谓*Quaestiones Medicinales*。"[1]这些都是医学生医德教育的材料和内容。7—13世纪是阿拉伯医学教育辉煌发展时期，同时伴随着对医德教育的高度重视。著名的医生兼教师拉兹、麦鸠西、尤沙比、杰尔杰、扎哈拉维等都提出过医德学习的具体内容和要求。诸如"关心病人""取得病人信任"，医生应当"诚实、机智、技术高、不酗酒"，医生应为病人保密，医生应具备"谦虚、信奉宗教、小心谨慎、诚实忠厚"的品质，医德教

---

[1]　朱潮主编. 中外医学教育史[M]. 上海: 上海医科大学出版社, 1988:251.

育是医学教育重要组成部分。

14世纪医学教育中心转移到欧洲，逐渐发展了近代医学教育模式，对医学生思想政治教育内容更加具体化、课程化，既保留了传统教育内容又有所发展。虽然近代欧洲各国及美国的医学教育各有特色，但在医学生思想政治教育内容上有趋同。首先，对医学生与其他学生一样，有一个统一的教育内容与目标，即公民教育。国外的公民教育与中国的思想政治教育一样覆盖全面，其中青年学生是重点教育对象，也就是说公民要终身接受思想政治教育，青年学生在校期间的公民教育是培养合格公民的关键。公民教育在不同时期具体教育内容不同，一般与当时当地的国情、世情息息相关，符合统治阶级的利益。如资产阶级革命时期的自由、平等、博爱价值观的引导，殖民时代开拓精神的培养，战争时期的爱国主义教育的强化等等。其次，医学生思想政治教育有自己的特色内容。这部分内容主要是医学伦理，具体包括医学的本质问题、医患关系问题、医患双方权利与义务问题等。国外医学教育的模式是先学习基础课程，而后才能进入医学院学习。曾经有在高中阶段完成基础教育的尝试，其中有意选择学医的学生要在高中完成这些基础知识的学习，这种做法导致准备学医的高中生不能够全面学习文史艺类知识。之后通行做法是先取得一个学士学位，再申请进入医学院学习。当然先取得的学士学位又有不同要求，18世纪法国医学院入学条件是取得文学硕士学位，英国则是在文学学士毕业生中招收医学生。在基础阶段的学习内容除了与医学相关的物理、化学、生物等之外，还有传统逻辑学、修辞学、天文、地理、数学、文学、艺术类内容，具体内容不一而足。在医学院阶段还会有医学社会学、医学伦理学的学习。这一时期是医学教育模式规范化、系统化时期，医学生的思想政治教育得以整饬，内容与课程安排渐趋系统规范。

西医教育从古代发端到近代发展，大体上对医学生的思想政治素质要求是比较高的。希波克拉底誓言至今被公认为医学生进入职业学习首先要谨记的格言："我将遵循摄生法规则，尽我之所能与判断为病人利益着想，而避免伤害。即使受人请求，我将决不给任何人毒药，也不做此授意；同样也不给妇女堕胎的药栓。我将以虔敬高洁为怀，施行医术终生，我将绝不施行截石术，而让专施此术者行之。无论进入谁家，我将以病人利益为念，远避不善之举，决不诱使男女奴隶或自由民行淫秽之事。无论与我之医业有无关系，我所见所闻凡不应宣泄者，我将永守秘密。我若恪守誓言，始终不渝，我将永享生活和医术的欢乐，永受世人尊重。我若违背誓言，必将遭到惩罚。"在阿拉伯医学教育繁荣时代，有的教育家认为有教养的医生应当有意识地从小培养，首先要培养的就是良好的道德素质，其次学习天文、逻辑、哲学等基础知识，只有这样才可以学习医学。近代的西医教育继续保持了传统要求，对医学生的思想政治素质要求更明确，更具体。

西医教育中对医学生的哲学教育、医德教育都是可借鉴的内容，哲学对生死问题的追问与回答，以病人为中心，尊重病人的医德要求仍然具有当代价值，近代以来思想政治教育内容的课程安排也可供参考。至于宗教教育，由于国情不同，中国没有全民信教的传统，在国民教育序列中有关宗教的内容都是宗教知识的认知，宗教教义及其解释不在教育内容中，但宗教教育本质上是信仰教育，就信仰教育来说仍然具有借鉴价值。

4.2　国外医学生思想政治教育内容的现代借鉴

　　根据国外医学教育的历史、发展状况及其同中国文化背景的相似性，选取美国、日本、苏联（俄罗斯）、新加坡等国家医学生思想政治教育内容进行分析借鉴。美国的医学教育是西方医学教育中比较成功和有特色的教育模式，在医学生思想政治教育方面的内容和经验具有一定的代表性，因此选择美国作为借鉴研究的国家之一。日本的医学教育从学习中国医学教育开始，是亚洲国家中较早引入西医教育的国家，西医教育比较发达，与中国是同一文化圈，其医学生思想政治教育的内容有比较大的借鉴意义。苏联实行与中国同样的社会制度，中国在教育上受苏联影响很多，高等医学教育及高校思想政治教育曾借鉴了苏联的许多经验，苏联解体后俄罗斯继承其政治衣钵，也保留着苏联时期的痕迹，因此选择苏联（俄罗斯）医学生思想政治教育内容进行比较借鉴。新加坡是一个华人移民国家，保留着中华文化的传统，与中国具有同样的文化渊源，其医学生思想政治教育内容必然包含传统与现代的交融，可提供直接借鉴。

4.2.1　美国医学生思想政治教育内容

　　美国是一个移民国家，1607年第一个殖民地建立，到1629年美国才有了师徒式的医学生教育，数量少、教学内容不规范，如果说有思想政治政治教育的话，对医徒的严格规范可以看作是思想政治教育的内容。1765年美国第一所医学院——费城医学院成立，是有组织的医学教育的开始。但当时医学院数量少，医学生的培养主要还是靠师徒方式，医学院教育是对师徒方式的补充。美国独立战争后，对医疗服务质与量的要求都有大幅提升，医学院增多，但很快美国的医学教育就出现了问题。医学教育没有固定的财政支持，大多数学校在录取学生时既不看重学生的智力也不理会学生的人品，而是以能否支付得起学费为标准。可以想见，19世纪上半叶美国医学的教育水平低下，没有什么思想政治教育。1847年美国医学会成立，倡导医学教育改革，此时，功利主义在医学教育中占统治地位。19世纪70年代，哈佛医学院进行医学教育改革，开考试招收医学生的先例，改变了之前以是否具备缴付学费能力作为入学标准的状况，逐渐打破了医学教育的功利主义桎梏。1910年卡内基教育促进基金会的弗莱克斯纳（Flexner A）的医学教育调查报告发表，成为医学教育改革的指导文件，各医学院纷纷提高教育标准，并要求医学生入学前要先取得大学学位。1915年医学考试委员会成立，其建立的医师考试制度成为美国医学教育的标准，但这个标准中显示了20世纪科学技术的飞速发展给医学的影响，反映了技术主义倾向，考试申请者的条件着重理科知识的学习和医学知识技能的培训，而承担医学生思想政治教育的文科知识未列其中，医学生的思想政治教育，尤其是医德教育薄弱。

　　经过几轮医学教育改革，20世纪70年代，美国医学教育模式相对稳定，对医学生的思想政治教育逐渐被重视起来。美国的思想政治教育的内容反映美国统治阶级的要求，这是由其物质生活条件决定的。美国是一个移民国家，国家共同体的认同、爱国主义教育是首要内容；因文化种族的多元性，为了多民族多种族的和谐，尊重异己是非常必要的内容；公民独立自由、民主参与、公平正义都是符合资产阶级利益要求的教育内容。美国医学生从小就接受这些思想政治教育，固化于逐渐成熟的世界观、价值观、人生观当中。在大学阶段，思想政治教育的许多内容是通过看起来似乎是保持价值中立的课程或活动来进行的。美国的医学生的学习分为医预科或普通大学教育经历、医科学习和临床实习三个阶段，承担思想政治教育功能的社会科学课程，如文学、西方文化史、历史、哲学、伦理学、宗教、人类评价等，大多在医预科学习。医学生的思想政治教育内容，一方面是一般的思想政治教育内容，自由、平等、民主是必备内容，突出的政治优越感教育、爱国主义教育、宗教教义教育、心理教育等，这些内容实际上在美国的公民教育体系中是全社会成员都要接受的教育内容，因此也是医学生终身都要接受的教育。另一方面是以医学职业道德为核心的医学人文教育内容，内容由宗教、法律、历史、人类学、伦理学、心理学、文学课程呈现，这些课程在医学人文教育中与其他学校和环境下作用不同，对医学生进行价值引导，即发挥思想政治教育作用。20世纪60年代宾夕法尼亚州州立大学和南伊利诺伊大学最早成立了医学人文系，内科医学委员会也开始强制在住院医师的临床培训中增加对医学人文方面的考核。"宾夕法尼亚大学医学院的知名医学教育专家K.丹纳·克劳塞（K. Danner Clouser）从哲学视角描述了医学与人文学科的关系。他认为，人文学将成为医学教育中的整合部分，医学首先并在根本上是科学，人文学是外围的、从属的，但可以加入医学中来；这样，医学能更好地治疗、了解人的各个方面，并将会建立更加有效的医患关系。因此，医学需要人文，以便使医疗服务能够得到加强。"[1]

中美两国的医学教育制度不同，美国学生在学习专业知识前要经历医预科或其他大学教育，从预科算起学制长达9年，学习时间充分，有条件安排较多的社会科学、人文课程，其思想政治教育内容都涵盖在这些课程之中。医学生思想政治教育内容借助诸多的人文社科课程教学体现，这是值得借鉴的，许多课程没有明确的思想政治教育名称，其价值引导内容实际上就是思想政治教育内容。通过医学人文教育强化医学生职业道德教育是应当借鉴的内容，中外医学教育都应牢固树立医学具有人学本性的理念，培养具有人文精神的医学生。但美国医学生思想政治教育中的功利主义内容要注意鉴别，其个人主义的价值导向也要自觉加以摒弃。

4.2.2　日本医学生思想政治教育内容

日本医学教育最早是学习中国唐朝，1755年建立了第一个公立医学院——再春馆。日本医学教育的专业内容和思想政治教育内容全面效仿中国，专业课以《素问》《灵枢》《难经》《伤寒论》《本草经》《金匮要略》为主要教材，孔子的思想得到充分认可，"四书""五经"等中国经典既是基础知识又是思想政治教育的主要教材，"医学是神圣的职业，它关系到人的生命，所以医师必须培养四种美德：忠、孝、仁、慈"。[2]1868年日本官方宣布放弃中医，接受西医，医学教育全面转向西医教育。二战前学习的是德国医学教育模式，主要的思想政治教育内容是军国主义和效忠天皇，"和魂洋才"也

---

[1]　[日]足力智孝.美国的医学人文教育：历史与理论[J].医学与哲学, 2009(1):9

[2]　朱潮主编.中外医学教育史[M].上海:上海医科大学出版社, 1988:472.

是医学人才培养的目标。"二战"后，日本全面学习美国的医学教育制度，实行六年制的医学教育，两年基础教育，包括社会科学、文学，四年医学专业学习，医学生思想政治教育内容发生现代化转化并日渐丰富。

二战后，在美国占领下，日本的经济社会发展处于美国的监督与扶持之下，包括医学教育在内的教育事业深受美国影响，医学生的思想政治教育内容也分为两部分。一是一般教育内容。美国给日本教育的建议是民主化的改革方向，强调尊重学生的个性和尊严，1947年《教育基本法》明确提出"教育应以培养完美人格为目的，培养热爱真理与正义、尊重个人的价值、重视勤劳与责任、富有自主精神、身心健康的国民，使其成为和平国家与社会的建设者"。其思想政治教育包含"忠"、武士道精神、民族自觉等传统内容。日本文部省要求所有高校都要开设"教养教育"课程，实际上等同于中国的思想政治教育。东京大学思想政治理论课程的设置主要是在"前期课程教育"中体现的，由教学部负责对一、二年级学生进行基础知识和思想政治等方面的教育，包括医学生在内的理科学生必须取得三个类别共76学分，方为合格。同美国思想政治教育一样，采取的是在教育的浸润中渗透教育目标，并不直接表明其阶级性。医学生一般思想政治教育内容基本包括民族、国家认同教育、政治教养教育、忠诚教育、个性教育、创新精神教育等。同中国一样，日本的医学生来自高中生，在思想政治教育内容上注意与高中的衔接，并且注重对医学生的人文教育、政治教育，当然，医德培养是其中的重要内容。二是以医德为核心的医学生人文精神教育内容。日本对医德教育、人文教育理论实践都有自己的特色。日本医学教育界大约在20世纪

80年代开始重视医学生的医学人文教育。90年代秋田大学医学部实施了"全人类的医学教育"教育改革，本着教书育人的原则，恢复和突出医学生人文教育的内容，这些内容集中体现在《医学概论》这门课程之中，"医学概论分为两部分内容：一是关于医学、医疗、医疗行政的概述，二是包括医学、医术、医德与保健医疗、福利设施在内的医学本质及实况"。[1]这是医学院中较早明确把医学生人文教育纳入人才培养计划，并给予充分重视的先例。"2001年在文部省（MEXT，主管教育、文化、体育、科学和技术）的监督下，由医学和口腔教育研究委员会提出的医学教育的核心总课程模式，……分为7个部分：（1）医学概论；……"[2]具体内容有医学的原则、医疗实践的安全与风险管理、沟通与团体医疗、任务分析、问题解决以及逻辑思考。"医学的原则"涵盖医学伦理和生命伦理、病人权利、医生的义务和责任、知情同意等等。许多医德、人文教育教育者和研究成果不断总结教育经验。Akira Akabayashi 在"The Development of a Brief and Objective Method for Evaluating Moral Sensitivity and Reasoning in Medical Students"一文中探索医学生道德敏感度和推理能力的测评方法，为确定教育内容提供依据；Atsuko Kawata 的文章"Influence of Moral Education Policy in Modern Japan：Philosophical Differences between Aritomo Yamagata and Arinori Mori"比较了山县有朋和森有礼哲学理念对当代日本道德政策的影响，其中可见对医学生道德教

---

[1]　[日]棉贯勤. "全人类的医学教育"——日本秋田大学医学部教学改革简介[J]. 国外医学（医学教育分册），1994(2):68.

[2]　[日]足立智孝. 日本医学人文教育[J]. 医学与哲学（人文社会医学版），2009,
30(2):60.

育内容的国家意志性；Toshitaka Adachi的"Medical Humanities Education in Japan"、Mayumi Mayeda的"Need for Enforcement of ethic legal Education –an Analysis of the Survey of Postgraduate Clinic Trainees"是对日本医学人文教育和医学伦理教育的反思，其中包括对教育内容改革的探索。

日本医学生思想政治教育内容是东西方文化、医学教育理念在具体国情下的融合，既保持传统又有现代性，这是值得我们借鉴的内容设置思路。日本医学院学制为六年制，进行思想政治教育的时间相对宽松，"第一、二学年设心理学、哲学、文学、历史学、伦理学、统计学、法学、经济学、社会学、人类学、数学、物理、化学、生物，还开设有外语、体育理论、体育实践、医学史、医学概论等"。[1]可见，在基础教育阶段人文社科类课程占多数，这些课程承担着思想政治教育的功能。与日本相比，我们的人文类课程少，但必修的思想政治理论课涵盖了其中的大部分内容，我们的医学教育学制短了一年，学时紧张，没有必要开设与思想政治教育内容重复的人文社科课程，可借鉴其教育内容以选修课的方式供学生选择学习。

4.2.3　新加坡医学生思想政治教育内容

新加坡最早的医学院成立于1905年，1949年成为马来亚大学的医学教学中心，1962年马来亚大学新加坡校区独立为"新加坡大学"，含医学院。1965年新加坡被迫独立，保留了新加坡大学。1980年新加坡大学与南洋大学合并，称新加坡国立大学。2005年新加坡国立大学（NUS）医学院建校百年庆典，接

---

[1] 于维汉，程治平. 日本的医学教育——日本医学介绍之一[J]. 医学与哲学，1980(3):91.

受杨潞龄1亿新元捐赠，更名为"新加坡国立大学杨潞龄医学院"。新加坡的医学教育招生名额较少、竞争极其激烈，教育管理严苛。新加坡医学教育学制为5年，但允许考试成绩不合格者延期至第七年补考合格，学生的学习压力很大，同时培养质量也比较高，"新加坡国立大学杨潞龄医学院在英国《泰晤士高等教育增刊》（Times Higher Education Supplement）世界大学医学院排行榜，……2006年则首度挤进前十，排名第九"。[1]

　　新加坡非常重视思想政治教育，医学生在小学、中学学段就已经受到良好的思想政治教育，其思想政治基础较好，医学生在大学阶段的思想政治教育内容也包含两部分。一是与其他大学生同样的教育内容。新加坡"对于大学生的公民教育，是一种精英公民教育，即使他们意识到他们对新加坡所负有的非一般的责任"。[2]主要内容包括国家意识的"新加坡人"教育，保持东方传统的共同价值观教育，奉献国家发展的社会责任感教育，守法廉洁的法治教育，思辨性伦理道德教育等。这些内容以课程形式呈现，在大学中主要有三类课程："第一类是专门的思想政治教育学科课程；第二类是以学科课程方式存在的，其他学科课程中包含的思想政治教育内容及其构成对思想政治教育课程的影响；第三类是寓于核心课程中的思想政治教育课程。"[3]二是专门的医学生思想政治教育内容。新加坡医学生专门思想政治教育也是以医德培养为主，并贯穿医学教育始终。新加坡国立大学杨潞龄医学院本科教育内容安排中，

[1]　https://zhidao.baidu.com/question/286401244.html

[2]　冯俊，龚群主编.东西方公民道德研究[M].北京:中国人民大学出版社,2011:383.

[3]　卢艳兰等.新加坡高校思想政治教育课程设计评介[J].工会论坛,2010(1):126.

医学生思想政治教育的内容称作Longitudinal tracks，包括医学伦理、医学法律与职业精神、医学与社会、信息素养、病人中心课程、医患沟通等临床能力基础等。该医学院生物医学伦理学研究中心，其成员包括法律、科学、艺术和社会科学，以及新加坡卫生保健部门和研究团体的主要利益相关者，研究医学生思想政治教育的内容方法，承担主要教育任务。医学院的医学教育研究中心，研究教师发展与课程设置，涉及医学生思想政治教育内容的安排。

新加坡医学生思想政治教育内容有许多可借鉴之处。对儒家传统思想的改造、融入思想政治教育是最容易借鉴的内容。新加坡是一个资源极其匮乏的城市国家，人力资源对国家生存和发展尤显珍贵，更加难得的是新加坡在借助西方科学技术手段发展起来的同时在思想教育上保持着华人传统定力，并把人的道德素质看作是保持国家可持续发展的第一因素。"良好的教育是以道德教育为基础，而道德教育的成败，不但关系到人性的善恶，生活的素质，也关系到国家的盛衰。"[1]新加坡人口的70%是华人，自觉不自觉地保留着华人传统，在道德修养方面汲取了儒家君子思想，注重修身、良好的人际关系、为国献身等内容，这些都可供我们在转化传统文化作为思想政治教育内容时进行借鉴。新加坡非常成功的思想政治教育是共同价值观教育。新加坡应用杜维明的"掘井"理论，[2]融合多民

---

[1] 岑仲坚. 道德教育之成败，影响国家之兴衰[N] 联合早报（新加坡），1989-09-07(3).

[2] "掘井"理论：杜维明认为新加坡是华人、马来人、印度人等组成的多民族国家，要提出各方都高度认同的价值观，就如同挖井，挖到足以达到人性的共同泉源，必须挖掘新加坡多民族和多文化的本源，从而达到生活的共同泉源。

族文化，提出了共同的价值观。共同价值观的内容共有五个方面，其他内容在我们的思想政治教育中早已包含，其中协商共识、避免冲突应当借鉴。中国是一个具有多民族统一传统的国家，民族问题一直处理得比较好，但随着香港、澳门的回归、台湾问题未来的解决，会带来一定的思想碰撞与冲突，协商包容应进入我国的思想政治教育内容中，对医学生来说，海峡两岸的交流机会更多，医学教育应当借鉴这个内容。新加坡的医学教育基本上学习的是英国的模式，在医德教育方面还是以西方传统为主，在这一点上我们要学习新加坡如何将西方传统融入自己的传统文化教育中。

4.2.4　苏联（俄罗斯）医学生思想政治教育内容

沙俄的医学教育同样是从师徒教育开始的，且水平低下。最早的医学校教育出现在十七世纪中叶，但始终没有发展起来，沙俄的医学人才匮乏，医疗服务有限。1755年莫斯科大学创立，成立了医学系，逐渐摸索出正规的医学教育。19世纪50年代到20世纪初，医学教育取得长足发展，提出了必须完成大学预科学校教育、掌握拉丁语方可入学的录取条件，学制统一设置为五年。十月革命前的医学教育是为军队、为扩张服务的，所以医学生思想政治教育的内容以这个为主题。十月革命胜利后，苏维埃政府确定了医学教育的三个目标，第一个就是用马列主义占领医学教育的思想阵地。医学校数量增加，医学生入学门槛降低，学制缩短一年，保持最低教育标准是新政府大力、快速发展医学教育明显的特点。"二战"结束后，苏联医学教育学制增加到六年，第一、二年是基础教育，人文社科类内容是马列主义原理、拉丁文及外语。20世纪60年代又对医学教育进一步改革，旨在提高医学教育质量。

苏联医学生的思想政治教育是苏联发达、先进的思想政治教育的一部分，其教育内容很明确。苏联高等教育的目的是培养共产主义专家，1983年发布的《关于按照专业培养规格的要求制定新的教学计划的指示信》明确提出："提高社会科学的理论水平和方法水平，提高学生共产主义教育体系的效果，使未来专家树立科学的世界观，达到高度的政治素养和道德素养，培养社会主义、爱国主义和国际主义精神，学会从事社会政治活动和组织活动的技能，形成认真履行自己专业职责和公民职责的责任感。"据此，苏联高等学校大学生的思想教育内容包括思想政治教育、劳动教育、道德教育、爱国主义和国际主义教育、美育、无神论教育等，这些内容由一系列的思想政治理论必修课和选修课呈现，必修课有"……苏共党史、马列主义哲学、政治经济学、科学共产主义……"，选修课有"……科学无神论、马列主义伦理学、马列主义美学、对现代资产阶级哲学的批判、世界革命过程的迫切问题……"[1]这些也是苏联医学生思想政治教育的一般内容。苏联医学生思想政治教育在马列主义原理学习之外，特别强调医德教育，开设了马克思主义道德与医学伦理学问题的课程。

苏联作为世界上第一个社会主义国家，其方方面面都是其他社会主义国家学习的榜样，思想政治教育内容也不例外，辩证唯物主义和历史唯物主义、政治经济学、联共布党史等内容都来自苏联教科书和苏联对马克思主义理论的解读。我们现在所用的相关教材与此并无本质差别。医德教育内容强调马克思列宁主义医德是值得我们吸收的，我们现在进行的医学伦理学

---

[1]　吴先报. 苏联高校的思想政治教育[J]. 高等工程教育研究, 1985年(10):66.

教育内容似乎已失去了意识形态性和淡化了阶级差别。苏联思想政治教育中有些教条的内容是我们要警惕的，对于曾经权威的苏联专家对马克思、恩格斯、列宁、斯大林原著的解读也要在占有更多一手材料的基础上与时俱进地发展。

苏联解体后，俄罗斯继承了苏联的政治地位，医学教育中临床专业仍然保持苏联原有的六年制，同时加入了欧洲《博洛尼亚宣言》，对部分医学专业进行改革，实行四年学制本科教育，如医学管理、公共卫生等。医学生思想政治教育与苏联时期比有所削弱，并全面取消了马克思主义理论教育，代之以人文、社会、经济类内容教育。苏联解体后由于还处在对苏联原有体制的批判当中，认为苏联时期的思想政治教育是思想的专政和控制，实行意识形态多元化写入俄罗斯宪法。随着政治动荡、经济混乱、精神空虚、道德状况恶化愈演愈烈，俄罗斯开始理性恢复思想政治教育，却首选东正教来支撑俄罗斯人的精神生活。苏联时期一再强化无神论教育，俄罗斯却用宗教代替马列主义理论教育，并一度主导思想政治教育；在政治思想教育内容上由有意识地去党派化、去意识形态化逐渐恢复到俄罗斯国家政治现状、历史的具体内容上来。经历了思想政治教育真空后，俄罗斯的思想政治教育正在慢慢重建，高校思想政治教育的重要内容为爱国主义教育再塑民族精神，道德教育树立人道主义精神，宗教教育和个性教育等。在社会整体道德水平下降的大环境中，对医学生进行医德教育显得难能可贵，但在这样的社会环境下，其教育效果可想而知。

俄罗斯思想政治教育从被极为轻视到逐渐恢复，其留给我们的经验是：思想政治教育并不是社会主义国家特有的教育活动，不是与某一意识形态不可分割的教育活动，也不是什么思想专制，而是追求社会和谐必不可少的教育活动。医学是关乎生死、生命健康的人学，医学生思想政治教育尤为重要。

　　本章小结：医学与性命息息相关，医者的思想道德水平应与职业神圣性相匹配。因此，医学生的思想政治教育除了一般性的政治社会化教育，自然要突出医德教育。无论中外，医学起源之初就是技术与道德同行。在中国传统医学文化中，凡是名医必是道德楷模，悬壶济世、誉满杏林这样的赞誉之词就是古代良医医技与医德双馨的写照。"医师职业用它非凡的仁慈区别于其他职业。"（威廉·奥斯勒）对医生职业性质的认知中外是一致的，国外古代著名医学家大多又是哲学家并创立了传世医德信条，其中最为著名的"医学之父"希波克拉底，古罗马的盖伦，中世纪阿拉伯的阿维森纳、迈蒙尼提斯等，自身也是践行医德的楷模。现代医学教育经历了技术主义向人本主义回归的过程，各国都在探索如何培养树立主流价值观，具有人文精神的医学生的医学教育模式，形成了各具特色的医学生思想政治教育内容。中国医学生思想政治教育内容建构应立足于当代思想政治教育的内容要求，创造性继承传统医学生思想政治教育资源，有甄别地借鉴国外古代、近代、现代的医学生思想政治教育内容，形成中国特色的医学生思想政治教育内容体系。

第五章　当代医学生思想政治教育内容面对的挑战与机遇

如前所述，医学生思想政治教育内容在理论和总体要求上与其他大学生并无明显差别，没有自身个性化的内容构成，吸引力不足。社会系统为医学生思想政治教育内容提出了不小的挑战，同时也为其建构提供了机遇。

5.1　医学生思想政治教育内容面对的挑战

5.1.1　经济社会发展需要内容的时代特色

思想政治教育内容与经济社会发展是上层建筑与经济基础的关系，经济基础决定上层建筑，上层建筑要反映经济基础。思想政治教育内容应及时反映经济社会发展要求，体现时代特色。改革开放以来，中国不断创造经济社会发展的奇迹，社会发展瞬息万变，思想政治教育内容与经济社会发展速度在一定程度上难以同步是正常的，但时代性显现不仅滞后而且常常处于被动状态，则是内容自身的问题。医学生思想政治教育内容时代性的传递滞后，表现为针对经济社会发展客观存在问题进行解读的内容较少，针对医学生学习生活实际的内容不多，对社会思想道德建设整体状况反映不足。

改革开放之初，全党全国工作中心转移到经济工作上来，为搞活市场，鼓励下海经商。经济利益增长，生活条件改善，金钱带来了不一样的体验，一切向"钱"看，物质利益成为价值标准。由于一再强调经济建设，物质文明与精神文明建设二者中出现了物质文明建设"一边倒"的现象。在改革开放新时期开启的时候，思想政治教育没有转变思维的自觉，亦没有问题意识，在内容上也没有跟上时代的发展，其原因是比较复杂的。一是刚刚摆脱文革亢奋的政治运动，"文革"期间所谓的"思想政治教育"给人民留下了极坏的印象，全社会对思想政治教育选择性失明。二是顶层设计对两个文明发展差距估计不足。改革开放后精神文明建设一度滞后，邓小平明确提出了"两手抓，两手都要硬"的思想。三是经济体制改革的探索过程，理论上迟迟没有突破，思想政治教育内容未及时更新。此时的医学生思想政治教育内容与其他高校一样刚刚恢复了"文革"前的马列课程设置。高校思想政治教育内容滞后，教育活动边缘化，导致资产阶级自由化思潮在高校占据上风，造成了政治风波。

随着精神文明建设力度加大，公民道德建设，各种德育文件和高校思想政治工作的文件纷纷发布，经济体制改革的目标确立，思想政治教育的内容开始反映时代变化。以"98"方案为标志，思想政治教育内容形成新体系，党和国家最新的方针政策及时进入教材。但是思想政治教育并没有出现预期的效果。原因主要是，一方面，官德败坏，对社会风气起到了很坏的示范作用，反衬思想政治教育内容空洞、缺乏说服力；另一方面，大学教育成为工具性存在，为了未来职业计划，专业技术学习成为学生的第一位目标，思想政治教育内容缺乏功利性，难以引起学生的兴趣。医学生较其他专业学生学习压力大，更是将精力集中在专业学习上，轻视了思想政治教育，同时思想政治教育内容侧重突出政治性、政策性、理论性，对学生缺乏吸引力。

根据2004年16号文件，思想政治理论教育的"05"方案出台，即现行方案。思想政治教育日益受到党和国家的重视，但在基层，观念没有迅速改变，思想政治教育仍然艰难前进。此时，中国经济社会发展到了矛盾凸显期，思想政治教育的内容几乎不涉及矛盾问题，对社会问题的无意识回避，使得思想政治教育内容与社会现实脱节，说服力不足。互联网的发展与普及使学生更加方便地获得各种良莠不齐的信息，互联网背景下成长起来的一代具有自我判断的自负，很难被说服。

经济社会发展带来的思想道德观念的多样性，个人人生、人与人的关系、人与社会的关系、人与自然的关系出现多种价值取向，思想政治教育面临着不同以往的复杂性，思想政治教育内容遇到不小的挑战。以物质追求为人生价值取向与人生价值在于奉献教育内容的矛盾，"事不关己，高高挂起"与国家、社会、道德责任感教育内容的矛盾，各种错误思潮与主流意识形态教育的矛盾没有在思想政治教育中受到足够的重视。思想政治教育内容大都是应然性，缺少对实然的、不符合社会主义思想道德要求的价值观念和思潮评价批判的内容，而它们又自成逻辑实实在在地存在，成为与思想政治教育争夺青年人的反向力量，其影响不容小觑。

总之，在时代性方面，思想政治教育内容先是在时代性反映上严重滞后；后是对时代性反映比较及时，但对成绩总结及时，对问题没有解读和解释，对学生代际区别把握不准。中国特色社会主义进入新时代，生产力低下、物质贫乏的时代一去不复返。新时代的大学生是在物质条件比较优越的背景下成长起来的，"知识改变命运"对他们个人发展不再有吸引力，这个曾经把个人前途与改变国家贫穷落后的奋斗目标联系在一起的"动员令"已经渐渐失去吸引力。面对新时代的大学生，要思考如何设计令他们自觉接受的思想政治教育内容，如何动员他们为中国特色社会主义现代化强国、中华民族伟大复兴而奋斗。医学生思想政治教育内容也同样面临这个问题。

5.1.2　医学人才培养需要内容的人文特色

医学是一门科学性与人文性相统一的学科，医学教育兼有科学技术教育与人文教育双重使命。作为对近代技术主义教育理念的反思的结果，当代医学人文教育从20世纪70年代左右开始向医学教育回归，人文医学被重新认识并与基础医学、技术医学、应用医学一样成为医学的一部分。人文医学与医学人文教育的关系类似于思想政治教育专业与思想政治教育工作的关系，人文医学作为学科要为医学人文教育提供理论工具和培养专门人才。但在医学教育实践中更早被需要的是医学人文教育，医学人文教育更加科学化的需求，催生了人文医学。"人文医学是一个探讨医学渊源、医学价值、医学规范以及与医学有关的其他社会文化现象的学科群，包括医学伦理学、医学心理学、医学哲学、医学方法论、医学人类学、医学美学、医学社会学、医学逻辑学等。"[1]医学人文教育就是以人文医学知

---

[1]　陈晓阳, 曹永福. 论人文医学的兴起与医学人文教育[C]//张大庆, 陈琦编. 中国医学人文教育——历史、现状与前景. 北京: 北京大学医学出版社, 2006:43-44.

识学习为基础，以医德培养为核心的人文精神教育，教育的内容超越医德内容，包括医学本质的认识、医学的社会价值与意义、医学发展史等内容。

　　中国引入西医教育时正是技术主义在西方兴起的时代，直接移植的是技术主义医学教育。同日本引入西医的经历相似，中国人折服于西医手术、西医有效抑制流行病的能力，很快接受了西医教育，中医教育受到很大冲击。中国西医教育从最开始医学人文教育就处于缺位状态。新中国医学教育重视政治性突出的思想政治教育，仍然忽略了医学人文教育。从医学院校各专业课程设置中可以清晰地看到这一点。河北医科大学五年制临床专业1997年教学计划中，38个课程门类中人文社科类课程只有政治理论课和德育两类。华北煤炭医学院五年制临床专业1999年教学计划中，68个课程门类中人文社科类课程有哲学原理、政治经济学、毛泽东思想概论、邓小平理论、思想品德、法律基础。两所医学院校的课程中看不到医学人文教育的影子。2000年以后，中国医学人文意识逐渐觉醒，开始有了明确的课程设置，但医学人文教育仍未受到应有的重视。浙江大学五年制基础医学专业成立于1996年，2002年的培养计划显示，在第一学年开设有思想道德修养、法律基础、毛泽东思想概论、邓小平理论四门思想政治理论课，第二学年开设哲学、政治经济学两门思想政治理论课，第三学年开设社会医学，第四学年开设医学心理学，第一至第四学年都开设形势政策课，还有英语、体育课，其他都是医学基础课和医学专业课。从这个教学计划和课程安排中可以看到并没有体现医学人文教育理念，开设社会医学和医学心理学可能也是从医学专业学习角度考虑，像对待医学化学一样的态度。再看一下哈尔滨医科大学七年制基础医学专业的2003年培养计划课程安排，按照学年由低到高顺序依次安排马克思主义哲学原理、马克思主义政治经济学原理、毛泽东思想概论、邓小平理论概论、自然辩证法概论、法律基础、科学社会主义、医学伦理学、医学心理学、高等教育心理学、思想道德修养等十一门课程，这个专业实际是本硕连读专业，医学伦理学、医学心理学、高等教育心理学可以算作是医学人文教育内容，内容不全也不连贯，依然没有医学人文教育的自觉性。北京大学五年制临床专业2003年教学计划人文社科类课程有政治理论课、德育、法律基础知识、医学心理学、医学史，外加医学伦理学和卫生法学两门限选课程，总课程分类是66门类，从中我们可以看到，与培养医德最为相关的医学伦理学是作为选修课安排的。医学人文教育理念的缺失不仅表现为专门的医学人文教育内容安排的缺失或片面化，而且表现为思想政治教育内容中没有融合医学人文的内容。实际上，专门的医学人文教育内容的安排是必要的，但思想政治教育也应承担医学人文教育内容，支持医学人文教育目标的实现。

医学生思想政治教育可以引入、借鉴医学人文教育内容，通过内容融合助力医学人文教育。医学人文教育内容是以培养医学生的人文精神为目的的。"所谓人文精神，应是人类为自身的可持续生存、发展，以真善美的价值理想为目标，不断探索与追求人与自然、与社会，人与人之间的可持续性和谐互动的一种自觉的文化精神。现代意义上的人文精神在终极的意义上，应是对生命的价值、人的生存意义和人类未来命运的理性关注。"[1]思想政治教育的目的是促进人的全面发展和社会和谐稳定，说到底是做人的思想工作，与培养人文精神实质上并

---

[1] 赵美娟. 现代医学人文回归的学术性与现实性[J]. 医学与哲学, 2004(8):25.

无不同，内容上有交叉，可借鉴。思想政治教育的共产主义理想教育是对人类未来命运的科学预判。人生观、价值观教育就是对生命价值、生存意义的追问。奉献的道德观、敬业的职业观教育与人文医学教育学生树立以病人为中心，尊重患者，关心患者，为患者着想的职业精神目标是一致的。心理健康教育与医学心理学、民生建设与医疗改革、马克思主义哲学与医学哲学等等都可以互鉴互借，互相支持。根据医学人文教育的现状，为形成完善的教育体系，其内容可以借助思想政治教育的成熟平台，恰当融入医学生思想政治教育内容当中。医学生思想政治教育与医学人文教育之间可相互支持，实现医学人才培养的最终目标。

5.1.3 医患关系反思需要内容的职业特色

医患关系是古今中外医学理论和实践的永恒主题，两者辩证统一，相互依存。医患关系本应是目标一致基础上的医患共同体关系；医患关系曾经是爱护与尊重的平等关系，医生仁心爱人、患者感恩尊重医生，许多医患的友谊深厚绵长。在历史上虽然也有庸医骗财误人，但医患和谐在资本主义社会之前一直是主流。似乎是随着科学技术进步，医疗技术愈发展，医患关系愈加走向对立面。"医学有时似乎由主要对发展它的技术能力感兴趣的精英领导，而他们很少考虑它的社会目的和价值，更不用说病人个体的痛苦。"[1]医生的眼中不再有患者，而是疾病，医生对待"人"的温存面对患者时便消失了，这还不是最糟糕的，糟糕的是"病"也不在医生眼里，有时会导致延误治疗加重病情甚至死亡的极端情况，医生起码的职业责任

---

[1] 罗伊·波特. 剑桥医学史[M]. 长春: 吉林人民出版社, 2000:11.

感也懈怠了。"正如我们不相信军火工业的目的是保卫国家安全一样，我们也难以相信医药保健产业的目的是为了增进人类的健康。"[1]启蒙运动恢复了人的本位，取代神的本位，同时个人价值取向也成为资产阶级革命最具号召力的反封建武器，资本主义个人利益价值观把一切社会关系都放置在资本的框架中衡量，所以并不是技术主义泛滥，医患关系才紧张和对立，技术主义只是使医患对立雪上加霜。当代西方医学教育反技术主义，重新提倡人文教育，培养人文精神，努力从医学生这里解决医患对立，尤其利用宗教进行教育，确实也取得了一定的效果。但只要在资本主义制度下，在人与人不平等的生产关系基础上，就无法从根本上彻底解决医患对立。

如前所述，中国引进的是技术主义西医教育，技术崇拜是很明显的。新中国成立后，医学教育中的人文社科类教育内容只有思想政治教育，但又偏政治性。医学人才的医德、人文素质基础不坚实，在物质利益冲击下不可避免地成为医患关系对立的主要原因。改革开放后，医疗改革把医疗卫生单位推向市场，医院自主经营，自负盈亏，使得医院变成了营利性组织。医院的经营压力层层落实，医护人员不仅有定额任务，而且能否为医院创收、创收多少也决定了个人的收入水平。医院中的温情不再，患者在医院里的待遇取决于经济支付能力，医生与患者利益共同体的关系开始分裂，医患关系逐渐物化。过度医疗、天价药费出现。事实上，确实有一部分医护人员缺乏医德修养，索要红包、收受药商回扣；患者的反应不一而足，有的不信任医生，有的痛恨医生，有的蔑视医生群体，这与患者个人与医生交往经历不同有关，这些认知都源于医生不负责任的

---

[1]　Globe. E. S The limit of medicine[M]. The University of Chicago Press, 1997:215.

行为。但也有患者自以为财大气粗，对医护人员颐指气使，极不尊重。医患间无论是何方自视甚高，二者之间的平等关系都会被破坏，医患之间经常是零沟通，互不理解，相互抱怨。医闹产生，医疗纠纷频发，伤医、杀医恶劣事件屡见不鲜，形势愈演愈烈，直接影响了社会的和谐稳定，不负责任的医生与不信任医生的患者之间也就没有了和谐。

医患间关系紧张多半是由医护人员态度冷漠，缺乏责任心引起的，对于这样的医患关系现状，完善法律法规，加强医风建设，探索医疗体制改革特别是医疗分配制度改革是必要的。但仅仅在制度建设上做文章只是停留在治标层面，这些方法会产生一定的效果，医护人员的态度会改善，但那不是发自内心从职业的神圣的意识产生的对患者的爱心，问题的根源还在于医护人员的思想道德水平。因此，只有医护人员树立起为人民服务的思想和职业信仰才能从根本上有效解决问题。医学生是医疗领域的后备大军，而且其专业性决定了只有医学生才能进入医疗战线，那么医学生的思想政治素质对医患关系的恢复意义十分重大。必须建构现有的医学生思想政治教育内容，改变一般泛泛地开展思想政治教育的现状，有针对性，有侧重地开展教育，使医学生真正树立内在职业信仰，在职业行为中才能自觉外显医德行为。

5.1.4　学生个人成长需要内容的发展特色

"我国思想政治教育的根本目的是提高人们的思想道德素质，促进人的自由全面发展，激励人们为建设中国特色社会主义，最终实现共产主义而奋斗。这一根本目的包含相互联系的两个方面。第一，提高人们的思想道德素质。……第二，促进人的自由全面发展。"[1]由此可见，思想政治教育目标是社会目标与个体目标的统一体，个体目标最终也是为社会目标服务。从个体目标来看，思想政治教育要"促进人的自由全面发展"。目前医学生思想政治教育内容更倾向于满足社会需要，政治政策、指导思想、革命史、法治思维、社会公德等主要内容给人以明显的阶级性与社会性感觉，"偏重社会价值而忽视个体需要，就会使人觉得思想政治教育是与个人成长发展无关的外在之物，势必削弱思想政治教育的内在基础"。[2]现实中医学生确实认为，"这些内容跟我有什么关系？为什么要学习这些内容呢？"

2004年出现了大学扩招后的首次毕业生高峰，毕业生人数达到280万人，比2003年增加了将近70万人，此后逐年攀升，到2017年已达795万人。在这种情况下，就业成为学生和学校共同面临的压力，就业率指挥棒使技术主义在各大学，尤其是理工科院校大行其道，思想政治教育被边缘化。医学生本就承受着学习压力又累加了就业压力，而以方针政策、理想信念这样比较高层次的内容为主的思想政治教育面对医学生最基本的现实问题显然很难产生良好效果。思想政治教育内容虽不能直接解决现实就业和学习压力问题，但其作用和功能在于培养学生自我调整，纾解压力的能力，引导学生树立正确的就业观和职业观，从而正确规划职业生涯，定位就业方向。但事实上，医学生对思想政治教育内容本就有距离感，思想政治教育又没有设置专门针对医学生压力问题、个人成长、思想困惑的内容，思想政治教育"促进人全面发展"的体现个体目标的内容确实不

---

[1] 陈万柏，张耀灿. 思想政治教育学原理[M]. 北京: 高等教育出版社，2007:73.

[2] 熊建生. 思想政治教育内容结构论[M]. 北京: 中国社会科学出版社，2012: 自序5.

够完善。

5.2　医学生思想政治教育内容建构面对的机遇

在中国特色社会主义进入新时代，经济社会发展取得伟大成就，中国世界影响力显著提升的时代背景下，党和国家高度重视思想政治教育，思想政治教育学科长足进步的专业背景，深化医疗改革，医学教育改革的社会背景，为医学生思想政治教育内容建构提供了有利条件，医学院校应顺势而为，创建出具有自己的特色的思想政治教育内容体系。

5.2.1　历史方位转变：实现新时代两个百年目标

党的十九大报告指出："经过长期努力，中国特色社会主义进入了新时代，这是我国发展新的历史方位。"[1]党做出我国处于新时代的历史方位的科学研判，是因为改革开放40年来，党领导人民不懈奋斗，特别是十八大以来取得了巨大成就，"党的面貌、国家的面貌、人民的面貌、军队的面貌、中华民族的面貌发生了前所未有的变化，中华民族正以崭新姿态屹立于世界的东方"。[18]新时代开启了社会主义现代化强国的新征程，"我们既要全面建成小康社会，实现第一个百年奋斗目标，又要乘势而上开启全面建设社会主义现代化国家新征程，向第二个百年目标进军"。[122]医学生思想政治教育要构建及反映新时代变化的内容，为培养新时代伟大事业接班人服务。

医学生思想政治教育内容要反映新时代的变化。"五年

---

[1]　中国共产党第十九次全国代表大会文件汇编[M]. 北京: 人民出版社, 2017:8.

来的成就是全方位的、开创性的，五年来的变革是深层次的、根本性的。……解决了许多长期想解决而没有解决的难题，办成了许多过去想办而没有办成的大事，推动党和国家事业发生历史性变革。"[1]这些伟大成就为中国特色社会主义理论的科学性、正确性提供了实践基础，增强了思想政治教育内容的说服力。医学生思想政治教育内容要反映新时代的变化，一方面要全面阐述新时代的伟大成就，把中国经济、政治、文化、社会、生态建设的成就与学生生活变化、身边社会变化现象结合，特别是要关注民生建设的成就，全民医疗保障事业的发展，引导学生深化内心的成就体验，关注中国军队建设的成就，以中国国际影响力激发学生的自豪感，进而以实践成就说明中国特色社会主义理论的正确性；另一方面要把发展中的问题、改革的进程持续纳入思想政治教育内容之中，体现思想政治教育内容对现实的客观反映，不回避问题，同时以对问题产生原因、解决的办法的分析、解决学生的思想困惑。医学生思想政治教育内容应实事求是地反映新时代的变化，从而增强内容的逻辑性、合理性、可信性，有利于教育效果的实现。

医学生思想政治教育内容的建构要自觉以习近平新时代中国特色社会主义思想为指导。习近平新时代中国特色社会主义思想是马克思主义中国化的最新理论成果，是中国特色社会主义理论的最新发展，是新时代全党、全国人民的根本指导思想之一，是新时代开启新征程的理论指南，是必须长期坚持的指导思想。医学生思想政治教育要把习近平新时代中国特色社会主义思想纳入内容体系，并作为重点内容贯彻落实到学生教育实践中。全部内容体系的构建要以习近平新时代中国特色社会

[1] 中国共产党第十九次全国代表大会文件汇编[M]. 北京: 人民出版社, 2017:7.

主义思想为指导，保证内容建构坚持正确政治方向。

医学生思想政治教育内容的构建要服务于培养承担伟大历史使命的接班人。中国进入新时代的历史方位，"我们比历史上任何时期都更接近、更有信心和能力实现中华民族伟大复兴的目标"。[112]但越是接近这个目标，就越是艰难，困难、障碍、问题越多，为实现这个伟大使命，需要一代代人不懈努力奋斗。为实现这个伟大目标，医学生思想政治教育要培养政治立场坚定，献身祖国医药卫生事业的社会主义医学人才，要通过内容建构把新时代的奋斗目标、发展战略、指导思想灌输给学生，教育学生自觉承担新时代的历史使命。

医学生思想政治教育内容建构要为满足人民需要服务。"中国特色社会主义进入新时代，我国社会主要矛盾已经转化为人民日益增长的美好生活需要和不平衡、不充分的发展之间的矛盾。"[1]社会主要矛盾从"人民日益增长的物质文化需要同落后的社会生产之间的矛盾"转化而来，转化主要是因为中国的生产力已经达到中高水平，人民生活实现总体小康，生产力水平、物质生活水平低下的阶段已经一去不返，新的社会主要矛盾决定主要任务是解决发展不平衡、不充分的问题，满足人民对美好生活的需要。医疗领域的需要是人民的重要需要，随着物质生活条件提高，人民的健康需求增加，人民需要的不仅是基本的医疗保健，还有更高水平的医疗保健服务，医学应为满足人民需要培养促进医疗卫生事业发展的高水平、高素质人才。

---

[1]　中国共产党第十九次全国代表大会文件汇编[M.]北京: 人民出版社, 2017:9.

5.2.2 意识形态建设：强化马克思主义理论教育

改革开放以来，物质生产繁荣的同时，精神产品日益丰富，其中不乏因开放搭载着技术交流、文化交流的顺风船而来的，带有意识形态斗争性质的文化产品和理论思潮。应对这种长期斗争，放任与屏蔽都不是良策，扎好自己的思想篱笆是关键，即用马克思主义思想武装人，用社会主义先进文化塑造人，用正确的舆论引导人。处于"三观"形成期的青年学生是重点教育对象。

（1）应对激烈意识形态斗争

"任何意识形态一经产生，就同现在的观念材料相结合而发展起来，并对这些材料做进一步的加工；不然，它就不是意识形态了，就是说，它就不是把思想当作独立地发展的，仅仅服从自身规律的独立存在的东西来对待了。"[1]社会主义意识形态产生后，世界上就有了两种意识形态的对立，意识形态斗争从社会主义国家出现时起就没有停止过，在当代表现得更为隐秘，更为复杂，更为激烈。在两种意识形态斗争过程中，形成了资本主义世界处于进攻，社会主义世界处于防守的态势，这是因为社会主义意识形态诞生在资本主义世界，对资本主义意识形态造成的冲击培养了资本主义意识形态斗争的自觉性，资本主义世界内部早已形成防守社会主义意识形态的状态。社会主义国家出现后，有了经验的资本主义采取主动进攻的强势，对社会主义世界进行意识形态渗透，意图击败社会主义意识形态，即所谓"和平演变"，最终目的是颠覆社会主义国

---

[1] 恩格斯. 路德维希·费尔巴哈和德国古典哲学的终结[M]//马克思, 恩格斯. 马克思恩格斯选集: 第4卷. 北京: 人民出版社, 2009:309.

家，实现全世界资本主义的"大同"。众所周知的是，苏联解体被西方世界视为和平演变策略的成功，期间尼克松的《1999不战而胜》、福山的《历史终结论》声名鹊起，资本主义的全面胜利似乎近在眼前。事实上，中国的稳定迅速发展和国际地位的迅速上升，打破了"不战而胜"的预言，结束了"历史终结论"，同时促使西方的意识形态进攻采取更加隐秘的方式。

面对激烈的意识形态斗争，中国一贯的防守方式是以马克思主义理论教育守住阵地，加强社会主义、共产主义理想教育，社会主义核心价值观教育，社会主义道德教育等。守住阵地固然重要，同时还要看到西方传播具有相当迷惑性的内容对青年容易造成影响，因此，要主动出击，击溃资本主义意识形态的虚伪性，揭露其实质，论清其危害。医学生思想政治教育内容中应包含直接应对意识形态斗争的内容。

意识形态斗争要求医学生思想政治内容应增强两方面的吸引力。一是阐明自己的优势，二是厘清他人的谬误。社会主义意识形态是马克思主义，她的科学性及其为人类发展做出的贡献是举世公认的；中国特色社会主义理论、道路、制度的优势也是有目共睹的；中国文化的包容性、互利共赢的价值观、人类命运共同体的责任感是为世人感佩的。这些优势要在内容中充分展示。西方以意识形态渗透为目的宣扬的思想道德观念，其谬误是显而易见的。西方国家的影片限制级别制度是为保护儿童的健康成长，而受限的文化产品却要供应给中国儿童；本国倡导积极向上的生活方式，向外输出的是纸醉金迷的生活方式；自己深受其害的后现代主义，却积极推向社会主义国家；等等。总之就是要社会主义国家的青年成为自私自利、没有家国责任感、颓废或暴力的一代，与我们要培养的社会主义接班人背道而驰，使社会主义事业后继乏人。

（2）党和国家高度重视高校思政工作并寄予厚望

2013年8月在全国宣传思想工作会议上，习近平总书记指出，意识形态工作是党的一项极端重要的工作，宣传思想工作就是要巩固马克思主义在意识形态领域的指导地位，巩固全党全国人民团结奋斗的共同思想基础。思想政治工作是中国共产党的传统优势之一，思想政治工作在革命和建设时期都发挥了巨大的动员作用。青年学生是思想政治工作（教育）的重点对象，党和国家历来重视高校的思想政治工作。习总书记在各高校考察讲话中对青年学生提出了许多殷切希望，他对北师大学生提出了做好老师的四个标准，对北大学生提出自觉践行社会主义核心价值观的期望，在十九大报告中习总书记号召广大青年勇做时代弄潮儿。2016年12月7日至8日在北京召开了全国普通高校思想政治工作会议，习近平总书记在会上做出重要讲话，党的总书记出席并做重要讲话这在高校思想政治工作史上还是第一次。讲话谈到了高等教育未来发展、高校党建和高校思想政治工作内容，习近平总书记在讲话中对高校思政工作对高校发展的意义、如何做好高校思政工作都做出了重要指示。总书记所强调的要"教育引导学生正确认识世界和中国发展大势，不断树立为共产主义远大理想和中国特色社会主义共同理想而奋斗的信念和信心；正确认识中国特色和国际比较，全面客观认识当代中国、看待外部世界；正确认识时代责任和历史使命，用中国梦激扬青春梦，点亮理想的灯、照亮前行的路；正确认识远大抱负和脚踏实地，把远大抱负落实到实际行动中，让勤奋学习成为青春飞扬的动力，让增长本领成为青春搏击的能量。"[1] 这四个"正确认识"就是当下高校思政工作（教育）的任务，落实这个任务需要精心组织具体的教育教学内容，体现党和国家的最新要求，紧跟时代发展大势。

（3）加强高校思想政治理论教育的顶层设计

通过新中国高校思想政治教育工作近七十年实践，思想政治专业三十几年发展，马克思主义一级学科十余年建设，从设立高校思想政治理论课以来党和国家制定了将近九十多个相关文件。特别是2015年以来，教育部颁发了系列提高高校思政工作整体效度，强化思政学科与课程建设的文件。2015年7月教育部与中宣部联合发布了《普通高校思想政治理论课建设体系创新计划》，2015年9月教育部修订了《高校思想政治理论课建设标准》，2017年9月教育部发布了《高等学校马克思主义学院建设标准（2017年本）》，2017年10月发布了《普通高等学校辅导员队伍建设规定》，2017年12月教育部党组发布了《高校思想政治工作质量提升工程实施纲要》等系列文件，对思想政治教育教材建设、教学方法、学科建设、师资队伍建设、辅导员队伍标准、提升课程育人、活动育人、管理育人质量等做出明确规定，鼓励在内容组织和教学方法上不断创新，实现思想政治理论课建设的体系化，思想政治工作的规范化，提高思想政治教育效度。这些文件虽然是对高校思想政治教育工作的普遍性要求，但各层次、各地区学校情况不同，具体落实办法和侧重点也会不同，其中如医学类、石油类等行业类院校应探索自己的思想政治课建设规律。

---

[1]　新华网. 习近平：把思想政治工作贯穿教育教学全过程[EB/OL][2016-12-08] http://www.xinhuanet.com/politics/2016-12/08/c_1120082577.htm

（4）思想政治教育学科发展支撑

1984年，思想政治教育本科专业确立，政治工作的经验被总结为系统的理论、学术成果，并开始成建制、规范化培养思想政治工作的人才，这既是新中国思想政治工作（教育）发展成熟的结果，也是哲学、社会科学发展的必然。1990年设立思想政治教育硕士点，1997年设立思想政治教育博士点，2002年三所大学的马克思主义理论与思想政治教育学科点被评为国家级重点学科。学科与课程相辅相成大踏步前进，高校的思想政治教育工作此后逐步完善发展壮大，从"98"方案到"05"方案明晰了高校思政课的设置，2005年增设马克思主义理论一级学科，思想政治教育成为其中的二级学科，学科有了准确定位。学科发展为思想政治教育人才培养和基础理论研究提供极大支撑，是思想政治教育的牢固依托。

全国高校思想政治工作会议的召开，教育部一系列文件及相关会议、活动都说明党和国家对高校思想政治工作的空前重视。这为医学生思想政治教育内容的建构提供了政策支持。后者正是从微观着眼落实此次全国高校思政工作会议和总书记讲话的精神，落实教育部一系列关于加强和改进高校思想政治教育工作文件精神的具体办法。思想政治教育学科发展，其内容研究成果为医学生思想政治教育内容建构提供理论支持，后者在实践中检验思想政治教育理论的正确性。

5.2.3　医学教育改革：突出医学生思想道德修养

医疗改革是牵动民生的大事，涉及全民健康保障体系的健全，是全面深化改革的重点工作之一，也是世界各国持续探索的难题之一。医疗改革涉及医院管理、医疗资源布局、全民医疗保障、药品供应制度等重大事项，更涉及医学人才的使用标准、流动机制等，医学教育必然要顺应医疗改革的大势积极推动自身的改革。

从高等教育的根本任务来看，各高校都应把立德树人放在人才培养的核心位置，这一点在医学教育中尤为关键。医学是一门人文的科学，是科学与人文交叉的学科，医学生职业要面向的是人，工作内容是人的生命健康，这就决定了医学教育不同于其他教育的特殊性所在。其他专业教育培养的人才所从事的工作多是面对物，如师范、心理学类人才的工作也面对人，为人服务，但其工作内容是提高人的素质，完善人的人格。而医学生将要从事的是"生命所系，性命相托"的职业，医学教育中医学生思想政治素质教育与专业知识教育同样重要。科学是无国界的，但科学家有国家，医学生的马克思主义思想素质，社会主义政治素质，无私奉献的道德素质直接关涉人民生命健康、社会稳定，关涉社会主义建设事业。

深化医疗改革涉及改革全局和民生建设的根本，我国医疗改革的过程也是医学教育不断改革的过程。破除"以药养医"，转向"以医养医"，建立"基层首诊，双向转诊"的分级诊疗机制等改革都对医生的培养提出了更高的要求，医学教育要满足社会需求，培养各层次优秀的医务工作者。优秀的医务工作者不仅要技术精湛，更重要的是医德高尚。近年来，国家出台的医疗改革意见，如《中共中央国务院关于深化医药卫生体制改革的意见》《国务院关于建立全科医生制度的指导意见》《"十三五"深化医药卫生体制改革规划》都涉及医学人才培养与使用的问题。教育部与卫计委根据医疗改革的设计，从中国医学教育实际出发，参考国际医学教育发展经验，就医学教育改革推出了多项政策和措施。2012年5月7日，教育部、卫计委以教高〔2012〕6号印发《关于实施临床医学教育综合改革的若干意见》，以教高〔2012〕7号印发《教育部卫计委关于实施卓越医生教育培养计划的意见》。2014年6月30日，教育部、国家卫生计生委、国家中医药管理局、国家发展改革委、财政部、人力资源社会保障部等六部门印发《关于医教协同深化临床医学人才培养改革的意见》（简称《意见》），这些文件指导着医学教育改革的实践。医学是"小学科、大民生"，医学生的培养是关系到健康生活的大事，医学教育的质量至关重要，上述文件的颁布都是为了不断提升医学教育的质量，适应社会发展需求。

为进一步提升中国医学教育的办学水平，2008年教育部颁布了《本科医学教育标准——临床医学专业（试行）》。这是一部参照国际临床医学生培养标准制定的中国医学教育标准，至2020年将对国内所有医学院校完成认证，《标准》对医学教育提出了具体的可量化的标准。2016年又颁布了2008版的修订版。2008版《本科医学教育标准临床医学专业（试行）》中，在学生培养目标的第一项"思想道德与职业素质目标"中共列出了十二项具体要求，包括"遵纪守法，树立科学的世界观、人生观、价值观和社会主义荣辱观，热爱祖国，忠于人民，愿为祖国卫生事业的发展和人类身心健康奋斗终生；珍视生命，关爱患者，具有人道主义精神；将预防疾病、驱除病痛作为自己的终身责任；将提供临终关怀作为自己的道德责任；将维护民众的健康利益作为自己的职业责任；树立依法行医的法律观念，学会用法律保护患者和医者自身的权益……"等等，这些目标大多在思想政治教育内容范围内，或者说主要通过思想政治教育来实现，这就要求从医学教育改革的实际出发，建构医学生思想政治教育内容，形成适应医学教育改革的内容体系。2016版《标准》首先提出了医学生的思想政治素质要求，即"中国临床医学专业本科毕业生应树立正确的世界观、人生观、价值观，热爱祖国，忠于人民，遵纪守法，愿为祖国卫生事业的发展和人类身心健康奋斗终生"。在具体要求的四个方面中，设置了职业素质要求一项，即医德和医学人文素质。把2008版分散的十二条进行了归类，两个版本体例不同，但对素质要求的本质是一致的。教育部将陆续制定医学教育其他专业的认证标准，规范医学教育，提升教育水平和质量。

5.2.4 医患关系修正：恢复医患关系的应然状态

通过对医患关系的反思，医学生思想政治教育自省对医德教育强调不够。从社会对医患关系关注点来看，对恢复医患关系的应然状态的要求愈发强烈，这为医学生思想政治教育内容建构创造了社会需求条件。医患关系的应然状态应是"医患利益一致，患者利益优先"（《中华医学会伦理学会宣言》）。

（1）人民的要求

人民生活水平的逐年提高，健康、医疗、卫生的需求增加，对医疗服务质量要求越来越高，既要求医护人员的技术满意、又要求医疗服务费用合理，还要求医护人员服务态度温暖，即对和谐医患关系的需要。医患之间信息不对称，患者在不明所以的情况下将生命健康托付给医护人员，需要患者对医护人员的绝对信任。医护人员只有取得患者的信任才有医患关系进一步良好发展的可能。在生物—社会—心理的新医学模式下，医护人员的细心、耐心、关心对患者疾病的诊断、康复都具有重要意义。因此，人民对医疗服务的需求并不仅仅是医疗技术本身，更是医护这些专业人员给予的战胜疾病，恢复健康的信心。人民期待的是医护人员看到的是病"人"，而不仅仅是"病"人。满足人民保障切身利益的需求，医学院校应培养树立以人民为中心思想的医护人才。

（2）医务工作者的要求

医务工作责任重大，劳动强度高，职业压力大，因此，医务工作者需要相对平和稳定的执业环境。从医务工作者的立场看，面对医患关系紧张，强调患者因素要多一些。诚然，医患间专业知识量的绝对差异，确实存在患者对医者不理解，对医疗效果期望过高导致失望而怨怼医者的问题。但相对而言，医务工作者缺乏耐心的工作态度、懈怠的工作状态是导致医患关系紧张的主要原因。对医患关系的应然状态而言，医务工作者是指导、管控的一方，承担了更多的道德义务和责任。在医患关系中，医方是确定的一群，而患者是社会上潜在的一群，只有在产生医疗需求之后患者主动求医，医患关系才建立起来，那么恢复医患关系的应然状态必然要在医者方面采取更多的措施，对潜在的患者一方只能是通过大众传媒进行非定向的教育和宣传。建立良好的医患关系，营造和谐的执业环境是医务工作者紧迫的现实需求，而这个需求首先要由医学教育通过人才培养来满足。

（3）健康中国发展战略的要求

2014年，习近平总书记提出"没有全民健康，就没有全面小康"。2015年，十八届五中全会提出推进健康中国建设。2016年，中共中央、国务院联合印发《"健康中国2030"规划纲要》，制定了健康中国发展的战略目标和建设指标，提出要完善医疗卫生服务体系，提升医疗服务水平和质量，其中专章提出加强健康人力资源建设，"加强医教协同，建立完善医学人才培养供需平衡机制。改革医学教育制度，加快建成适应行业特点的院校教育、毕业后教育、继续教育三阶段有机衔接的医学人才培养培训体系。"2017年，党的十九大报告明确提出"实施健康中国战略"。健康中国建设，医学人才的培养是核心要素，在人口多的现实国情下，保障人人都能切实享有健康服务，首先要加大医学人才培养的数量，为保障人民能享有优质的健康服务，必须重视医学人才培养质量，包括技术能力和思想道德水平。十九大的实施健康中国战略指出，"要完善国民健康政策，为人民群众提供全方位全周期健康服务。……加强基层医疗卫生服务体系和全科医生队伍建设"。[1]未来中国人民所享有的健康服务将是全面周到，快捷方便的高水平的服务。要实现这个目标，医疗资源下沉，更多医生扎根基层是努力的方向，这就为医学教育提出了具体的服务目标，特别是一些教学型医学院校要定位向基层培养医学生。

医学生思想政治教育内容面临的挑战要求建构有利于医学生成长，符合医学教育特点，反映时代特色，满足社会需要的体系化的内容，中国特色社会主义新时代，意识形态地位凸显，医疗、医学教育改革的推进，为医学生思想政治教育内容建构提供了有利条件。

本章小结：面对社会发展，医学人才培养，医患关系紧张，医学生个人发展带来的挑战，医学生思想政治教育出现内容滞后，体现医学教育特色不足，医德教育内容不突出，未能很好地满足医学生发展需求等问题，解决这些问题需要对医学

---

[1]　中国共产党第十九次全国代表大会文件汇编[M].北京：人民出版社，2017:39.

生思想政治教育内容进行全面的、体系化的建构。在历史方位转变的时代背景下，在党和国家重视意识形态工作的新形势下，在医学教育改革人文价值取向的趋势下，在修正医患关系需求的社会氛围下，医学生思想政治教育要用好机遇期，合理构建内容体系，弥补不足，更好地发挥思想政治教育的育人功能。

第六章　当代医学生思想政治教育内容的建构体系

医学生思想政治教育内容的建构既有外在的客观要求也有内容本身的内在要求，依据一定的原则对医学生思想政治教育具体内容进行建构是完善内容，提升魅力，强化教育效果的必由之路。

6.1　医学生思想政治教育内容建构的目标

6.1.1　打造全程育人的理论工具

2016年12月在全国普通高校思想政治工作会议上，习近平总书记强调：高校思想政治工作关系到高校培养什么样的人、如何培养人以及为谁培养人这个根本问题。要坚持把立德树人作为中心环节，把思想政治工作贯穿教育教学全过程，实现全程育人，全方位育人，……要用好课堂教学这个主渠道，思想政治理论课要坚持在改进中加强，提升思想政治教育亲和力和针对性，满足学生成长发展需求和期待，其他各门课都要"守好一段渠，种好责任田"，使各类课程与思想政治理论课同向同行，形成协同效应。落实习近平总书记讲话精神，实现"全程育人，全方位育人"和"同向同行，形成协同效应"，就要对医学生思想政治教育内容进行建构，形成各教育环节、教育角色进行教育所依凭的理论工具。

（1）打造创新型的理论工具

马克思主义社会存在与社会意识关系理论认为，"每一个历史时代的经济生产以及必然由此产生的社会结构，是该时代政治的和精神的历史的基础"。[1]社会存在决定社会意识，社会意识能动地反映社会存在。医学生思想政治教育内容就是社会意识对社会存在的能动反映，不仅要反映时代大背景变化发展，还要反映与医学生思想政治教育相关的人、物及社会关系的变化。如前所述，时代发展、医学的人学本性、当代医学生的需求，都对医学生思想政治教育内容提出了创新的要求，从医学生思想政治教育内容为教育目标服务的内在要求出发，也要对内容进行创新。内容创新还体现在内容结构安排的创新，思想政治教育宏观内容要求比较原则，但具体呈现的内容可选择性很大，如何取舍并融合是医学生思想政治教育内容建构的重要环节。因此，医学生思想政治教育内容要与思想政治教育内容的总要求保持根本一致，即保持稳定性，在此基础上要与时俱进，进行创新和结构优化。

（2）打造具有鲜明针对性的理论工具

医学生思想政治教育内容应体现因材施教的原则。因材施教原则，是指教师要从学生的实际情况、个别差异与个性特点出发，有的放矢地进行有区别的教学，使每个学生都能扬长避短、长善救失、获得最佳发展。针对学生的特点进行区别教学

---

[1] 马克思, 恩格斯. 共产党宣言（1883 年德文版序言）[M]//马克思, 恩格斯. 马克思恩格斯全集: 第4卷. 北京: 人民出版社, 1997:

首先是要在内容上进行区分。诚然，思想政治教育的意识形态性质决定了其教育内容总的来说要求要有高度的一致性，但在思想政治教育具体内容的安排上也一定要遵循因材施教的教育规律，在坚持思想性、政治性的前提下，应根据不同学校不同专业而有所不同，至少在侧重点上有所不同。思想政治教育内容的层次说、要素说，首先强调的都是"三观"教育，这是所有层次的思想政治教育都必须包含的内容，但进行教育的具体内容就应有所不同，有区别的内容安排更易于获得预期教育效果。为保证医学生思想政治教育同向同行，医学专业课要渗透思想政治教育，即"课程思政"。专业课教师渗透思想政治教育具有潜移默化的优点，教师本身的思政素质培养是一方面，更重要的是在教育思想上与思想政治理论课保持一致，课程之间既有统一教育内容要求又有各自的分工，避免出现各自为政，相互重复、矛盾的现象。应当构建具有医学教育特色的内容，适于专业课教师把握，使"课程思政"落到实处。

6.1.2 形成特色鲜明的内容体系

医学生思想政治教育内容目前主要通过两个教育渠道来落实，思想政治理论课和日常思想政治教育活动。医学生思想政治教育内容决定其实践效果，医学生思想政治教育现有内容整体上特色不够鲜明、体系性不强，表现为思想政治理论课教材内容与医学教育要求融合不足，日常思想政治教育活动内容不明确，不够规范。在实践中不仅有教育效果问题，还有内容的操作性、内容的配合、内容与医学专业契合点缺乏等问题。只有建构医学生思想政治教育内容科学体系，才能有充满活力、积极有效的医学生思想政治教育实践。

（1）医学生思想政治理论课内容概况

按照国家统一规定，高校思想政治理论课开设为五门，即《思想道德修养与法律基础》（简称"基础"）《中国近现代史纲要》（简称"纲要"）《马克思主义基本原理概论》（简称"原理"）《毛泽东思想和中国特色社会主义理论体系概论》（简称"概论"）和"形势与政策"课。这些课程都有国家指定的统编教材或统一教学参考资料。这就决定了全国高校思想政治理论课教学内容的整齐划一，医学生思想政治理论课没有区别于其他大学生思想政治理论课的内容。由于思想政治理论课国家教材的权威性，对思想政治理论课内容的理解等主、客观原因，思想政治理论课教师普遍认为思政课内容是严格的"规定动作"，没有发挥的空间，逐渐养成了依赖教材的习惯，缺少在内容总框架下进行个性化研究的创新精神。

"基础"课主要针对大一新生，解决大学生活适应问题，其中的爱国主义、社会公德等教育与学生大学前阶段差别不大，其中的法治教育以法律思维和法治观念为主要内容，但缺乏思维训练的时间和空间。"原理"课的内容是按照马克思主义三大组成部分编撰，沿用了传统的来自苏联教科书的唯物论辩证法、政治经济学和科学社会主义的知识结构和提法。"纲要"课主要内容是近代史与新中国建设史，教育目标是对历史必然性的把握，但存在内容多，学时少的矛盾。"概论"课主要内容是中国化马克思主义理论，其内容与中国经济社会发展现实联系紧密，教育目标是系统掌握中国特色社会主义建设的一系列理论与实践。这四门课程中，"概论"课教材修订频繁，修改过课程名称，一些非根本性的理论表述经常发生变动。形势与政策课没有固定教材，在内容组织上相对其他课程较为自由灵活，各学校可参照统一辅导资料自行安排讲授内容。思想政治理论课教材内容稳定，出于对教材权威的习惯性认同，或者出于学术懒惰，图省事，或者心有余而力不足，大部分高校和教师都是以教材内容为全部教学内容。尽管近几年国家提倡思政课教学改革，并推出了大量成果和经验，但大部分改革都是在方法和形式领域，如创新计划、慕课建设等，在内容上专题教学改革尝试较多，但大多未能脱离教材内容，只是把章节题目换成了专题题目。医学生思想政治教育内容上也存在着这些普遍性问题。

（2）医学生日常思想政治教育内容概况

"大学生日常思想政治教育是指在思想政治理论课之外，高校党团组织贴近大学生思想、学习和生活实际，开展以实践性、针对性、交互性为突出特征的思想政治教育活动，主要包括党团活动、主题教育、校园文化、社团活动、心理健康教育、社会实践、资助育人、创业就业教育等方面，在大学生成长过程中发挥了重要作用。"[1]思政课主渠道之外的思想政治教育，除了这些有形的活动，还有学工人员与学生的谈心、谈话。医学生日常思想政治教育活动应包括党团活动、主题教育、校园文化、社团活动、心理健康教育、社会实践、资助育人、创业就业教育和谈心、谈话等方面。医学生日常思想政治教育是大体上通过这些活动形式开展的，在内容上没有明确的规范的设计，虽有思想政治教育的意识，但对教育内容认知模糊，因而活动内容并不一定是思想政治教育的内容。有些活动确实丰富了学生的业余文化生活，但这些活动开展的目的性模糊，如校园里的歌唱比赛，大多过度娱乐，主旋律正能量不是

---

[1] 王火利.大学生日常思想政治教育调查分析（上）[J].思想教育研究,2011(11):70.

很突出；有些教育活动注意到了思想政治教育内容的贯彻，但没有针对医学生的情况，如心理健康教育。

目前，医学生日常思想政治教育在内容上存在三个特点：一是与医学生学习生活联系不紧密。医学生的日常思想政治教育基本没有同医学专业教育相结合，除了专业性实践活动，如专业技能比赛、知识竞赛，以及创业就业教育与专业做了有限融合外，其他活动并未体现医学教育的特点，都是在一般意义上开展活动。当然一般意义的或者说日常思想政治教育的普遍性要求是必选动作，但同时应当开创自选动作。二是存在"以管代教"倾向。"以管代教"是指在大学生日常思想政治教育工作中以管理代替思想教育的现象，这种倾向不独在医学院校存在，在大部分高校普遍存在，其突出表现就是学工人员将学生思想工作简单化，工作重心集中在就业率上，以无管理事故为底线，为活动而活动等，存在学工人员的工作任务多而思想政治教育功能淡化现象。正因如此，日常思想政治教育的实效性有所欠缺，"约1/3 的在校生对日常思想政治教育在大学生思想品德发展方面发挥的作用给予了'一般'及以下评价，这表明日常思想政治教育和大学生的发展需求不完全相适应，其实效性有待提升，……"[1] 医学生的日常思想政治教育缺乏应有的教育性，在秩序井然的学情表面下，问题暗流涌动，思想工作未细化到每类或每个学生的具体情况，不利于医学生专业、人文及思想道德素质的培养。三是新媒体承载内容缺乏吸引力。利用网络媒体进行思想政治教育是与时俱进的表现，是思想政治教育新的发展方向。医学生思想政治教育也注重了网络新媒体的应用，网络思想政治教育自由度高、强制性弱，使用情况

---

[1] 王火利. 大学生日常思想政治教育调查分析（上）[J]. 思想教育研究, 2017(11):74.

要看学生的关注度和点击率，但实际上学生点击率偏低，使用效果不佳，其承载的内容缺乏吸引力是重要原因。

医学生思想政治教育要实行全过程、全方位、全员教育，即除了思想政治理论课、日常思想政治教育，还有专业课的"课程思政"，为规范各教育渠道的教育行为，协调各环节统一行动，必须建构医学生思想政治教育内容体系。这个内容体系要有内外协调性，要使思想政治理论课教育内容自身协调并与医学知识相结合，使日常思想政治教育具有切实可操作的内容，使"课程思政"的开展有所依凭。

6.1.3 提升思想政治教育的效度

"所谓思想政治教育效度，是对思想政治教育目标和效果实现程度的综合概括和整体描述，即思想政治教育有效性的水平或其效果达标的程度"。[1]思想政治教育效度是反映思想政治教育是否成功的重要标志。目前，关于思想政治教育效度研究基本上停留在经验层面，主要的依据是学生对思想政治教育知识的掌握程度，学生的思想政治常识的掌握程度，学生对思想政治教育的评价，学生对思想政治教育的态度，学生的价值认知倾向，学生的行为表现等方面。

（1）大学生思想政治教育效度概况

当代大学生思想政治教育的效果不理想既是一线教师经验积累和观察后得出的结论，也有问卷调查得出的一定数据作为支撑。大学生中的多数是"三观"正确，拥护党的领导，热爱祖国，具有一定的道德自律精神的，在一般性思想政治素质要求上绝大多数是合格的。关于人生价值观调查显示，"对

---

[1] 宇文利. 论思想政治教育效度的测评[J]. 思想理论教育导刊, 2010(3):79.

于'奉献是人生最大的快乐'这一观点，67.1%的大学生明确表示赞同……"，[1]对意识形态指导思想认识状况调查显示，"对于'我国建设事业的指导思想不能搞多元化'表示'非常赞同的'的大学生比例为32.6%，表示'比较赞同'的比例是28.7%，两项累计，有61.3%的大学生对我国指导思想不能搞多元化持认同态度。"1109道德观调查显示，"当被问及'您向往成为社会道德模范或英雄那样的人吗？'时，15.9%的人表示'非常向往'，46.7%的人表示'比较向往'……"1176对历史认识状况调查显示，"总计有63.8%的大学生对中华文化的发展演进历程表示理解，……"1216在职业选择因素中"'发展空间'和'薪资福利'是大学生选择比例最高的两项因素，……"1235心理抗压能力调查显示，"认为自己抗压能力'非常强'和'比较强'的大学生占68.5%，……"1306思政课效果调查显示，"5.1%的大学生认为思想政治理论课开展效果'非常好'，26.6%的大学生认为'比较好'，……"1344日常思想政治教育的作用调查显示，"回答'很大'和'较大'的大学生分别占19.4、36.3%，……"1381由此可见，当代大学生大部分思想政治素质是好的，但同时也要看到每项调查结果都有三分之一以上的学生持有否定或无所谓的态度，形势不容乐观。虽然没有专门针对医学生的思想政治教育情况的调查，已有的数据是具有普遍性意义的，可以说明医学生思想政治教育的效度。

（2）以提升效度为目标建构内容体系

习近平总书记在会见清华大学经济管理学院顾问委员会海

---

[1] 沈壮海. 中国大学生思想政治教育发展报告2015[M]. 北京: 北京师范大学出版集团, 2016:31.

外委员时说：教育就是要培养中国特色社会主义事业的建设者和接班人，而不是旁观者和反对派。培养中国特色社会主义事业的建设者和接班人的重任更多是要由思想政治教育承担。但是从目前大学生的思想政治教育状况看，学生对高校思想政治教育的两个渠道的认可度都不高，分别是31.7%、55.7%，并且学生之所以对日常思想政治教育认可度高于思想政治理论课，最可能的原因是日常思想政治教育的活动形式让学生感兴趣，但这也恰恰说明，思想政治教育内容的吸引力不足，日常思想政治教育的理论性不足。没有大学生对思想政治教育的认可，就不会有理想的效度。因此，思想政治教育内容的组合建构是改变学生对思想政治教育认知的基础，是吸引学生，进而提升教育效度的基础。

6.2　医学生思想政治教育内容建构的原则

"原则不是研究的出发点，而是它的最终结果；这些原则不是被应用于自然界和人类历史，而是从它们中抽象出来的；不是自然界和人类去适应原则，而是原则只有在符合自然界和历史的情况下才是正确的"。[1]医学生思想政治教育内容建构原则是医学生思想政治教育内容建构应遵循的准则，反映医学生思想政治教育的特殊性，是保证建构的内容科学、合理、完整的准则体系。

---

[1]　恩格斯. 反杜林论[M]//马克思, 恩格斯. 马克思恩格斯选集: 第3卷. 北京: 人民出版社, 1995:374.

6.2.1 马克思主义理论引领原则

医学生思想政治教育是社会主义的意识形态教育，其内容建构必然体现马克思主义理论的要求，在内容的选择方向上遵循马克思主义引领原则。

（1）坚持马克思主义科学方法

医学生思想政治教育内容建构应遵循马克思主义基本原理的矛盾分析方法，阶级分析方法，具体问题具体分析的方法等。在医学生思想政治教育内容建构过程中抓主要矛盾，即在内容安排上突出主要教育内容，如医学生职业道德要优先于社会公德的内容，中国特色社会主义理论内容要在主渠道和日常思想政治教育中重点灌输。思想政治教育的内容带有明确的阶级性，对古代思想政治教育内容要创造性转化、创新性发展，对国外思想政治教育内容要采用阶级分析方法甄别对待，站稳阶级立场。医学生思想政治教育内容建构融合医学人文教育内容时，首先要从思想政治教育性质的实际出发，做出符合逻辑的融合；其次要从医学教育需要实际出发，选择医学教育急需的内容。如医学心理学的内容可以与心理健康教育内容融合，医学伦理内容与道德观教育内容融合等等。只有运用科学方法，才能构建科学的医学生思想政治教育内容体系。

（2）坚持马克思主义理论，反对各种错误思潮

医学生是思维极为活跃的学生群体，乐意接受新事物，自身理论修养有限，辨别是非的能力较差，容易受到错误思潮的影响，是意识形态斗争争夺的重点对象。在互联网时代，方便快捷的信息传递，为一些错误思潮的传播提供了方便条件。医学生可能接触到的错误社会思潮主要有历史虚无主义、新自由

主义、民粹主义等。这些思潮的传播扰乱正常的意识形态建设工作，各自寻找生存的土壤，妄图在中国培养忠实信徒，大学生成为其主要目标。历史虚无主义以否定中国共产党领导人民艰苦奋斗的28年革命史为主要手段，辅以丑化革命英雄人物，真实目的是消解中国共产党的群众基础，消解人们对社会主义的信仰。正所谓"欲灭其国，先去其史"，历史虚无主义的险恶用心可见一斑，但其打着重新解读历史、还原历史真相的旗号，有一定的煽动性，特别能迷惑大学生，尤其是像医学生这样的群体。新自由主义起源于美国，在经济上主张自由化、私有化、市场化，政治上反公有制、反社会主义、反国家干预，全球都应移植美国模式。在中国，新自由主义主要是抓住经济发展放缓的机会，趁机宣扬私有制代替公有制，用私有制与市场经济是最佳匹配来攻击中国的社会主义市场经济。民粹主义又称平民主义，简单理解就是普通民众反对精英统治。民粹主义在中国的表现就是"法不责众""凡事于我不利皆不对"，民意绑架政府、仇富、仇视精英，这种思潮的传播使不同社会利益群体矛盾复杂化，无视国家法律，还会带来严重的群体性事件。为应对错误社会思潮的冲击，医学生思想政治教育内容建构应坚持马克思主义科学方向，构筑坚实的"防火墙"。

（3）马克思主义理论总领内容体系

马克思主义理论是全党和全国人民的指导思想，也是医学生思想政治教育内容建构的指导思想。以马克思主义理论总领全部内容，在具体内容上体现为社会主义核心价值体系和核心价值观的中心地位，其他政治、道德、法律、心理健康等内容围绕这个中心设置。社会主义核心价值体系和社会主义核心价值观本身包含丰富的内容，马克思主义理论指导思想，中国特色社会主义共同理想，以爱国主义为核心的民族精神和以改革创新为核心的时代精神，社会主义荣辱观构成了社会主义核心价值体系，为思想政治教育提供了由最低行为底线到理想信念的多层次内容；富强、民主、文明、和谐；自由、平等、公正、法治；爱国、敬业、诚信、友善，这二十四个字从个人、社会、国家三个层次提出了共同价值观，践行社会主义核心价值观是医学生思想政治教育的核心内容之一。

6.2.2　系统协调原则

医学生思想政治教育内容应当是一个各内容要素协调的系统，各要素之间不是各自为政、简单相加的关系，而是协调统一、内容系统效用大于各内容要素效用之和。

（1）教育内容的全面性

人的本质在其现实性上是全部社会关系的总和，人是在社会关系网中活动。思想政治教育是为了人的全面发展的教育，也是为了人的全面社会化的教育，"人的社会化过程，就是作为一个社会学习者和一个社会参与者的人的全面发展的过程"。[1]人的社会化过程需要接受的教育很多，如学习一技之长为社会做贡献，学习社会规范与人相处。阶级社会人的社会化重要的功能是在思想上满足阶级统治要求，而这个要求是全面的，教育的内容也应当是全面的。医学生社会化应当具备正确的政治立场、理想信念、健全的人格、个人道德、职业道德、社会责任感、法治思维、医学信仰等思想政治道德素质。医学生思想政治教育内容建构既要包括政治、思想、道德、法治、心理等一般规定性内容，还要包括职业道德、职业信仰等

---

[1]　刘豪兴, 朱少华. 人的社会化[M]. 上海: 上海人民出版社, 1993:9.

特别内容。

（2）教育内容的协调性

医学生思想政治教育内容建构要注重内容之间的关联、主次顺序、前后配合，符合教育内容深度的递进性，符合学生身心发展规律。医学生思想政治教育内容自成一个系统，包含了相互间的协调关系。任何系统内部各要素之间是否协调都会影响系统的稳定性和功能的发挥。社会作为大系统，人作为要素，人与人之间协调统一、和谐相处才能保证社会平稳向前发展。使人能够和谐相处的重要因素之一就是对共同体及其价值的全体认同，这个认同要通过有效的思想政治教育实现。医学生思想政治教育内容体系中，一般内容与特别内容的协调关系体现为在共同的教育目的下，特别内容以一般内容为指导，在意识形态的性质上保持一致。一般内容与特别内容在具体安排上相互融合，互为支撑。一般内容注意结合医学知识、医疗事业发展形势、医学生学习生活，如实例与事例与医学相关，法治教育突出医事法治思维，道德教育导向医德教育；特别内容注意马克思主义方法论的运用，职业道德以社会主义道德建设原则为指导，职业信仰以为社会主义医学事业献身，为人民服务精神教育为主。一般内容、特别内容各自具体内容也要注意衔接与协调，一般内容中有道德与法治、思想与心理等内容的协调；特别内容中职业道德与医学本质、职业道德与医事法学、职业道德与生命教育等内容的协调。

（3）教育内容的动态性

医学生思想政治教育内容建构要注意动态性，为内容的发展留下空间。医学生思想政治教育内容具有一定的相对稳定性，但会随着时代的发展而发展。时代的发展会带来社会对医学生思想政治教育期待的变化，教育对象医学生自身也会发生变化。思想政治教育理论在不断发展，党和国家的理论与方针政策不断调整，这就要求医学生思想政治教育内容保持动态性，根据变化了的学情、社情、党和国家的大政方针进行调整，保证内容的及时有效。把握动态性还要注意内容的协调一致，某一内容的发展变化与其他内容的关系要适当调整，特别是在创立中国特色学术话语体系过程中，马克思主义指导哲学社会科学学科基础理论建设，医学生思想政治教育内容建构所借鉴的理论，都会引起具体内容的变化。医学生思想政治教育内容要适时应变，保持内容间的协调一致。

6.2.3　层次递进原则

医学生思想政治教育内容建构是一个协调的系统，能否实现教育目标还需在层次上做出合理安排，根据医学生思想政治教育目标和医学生身心发展特点对内容进行分层设计。

（1）根据教育目标层次划分教育内容层次

思想政治教育目标有整体目标与个别目标，近期目标与远期目标，普遍性目标和先进性目标之分。医学生思想政治教育内容根据普遍性与先进性目标划分内容层次。医学生思想政治教育目标应当是分层次的，要求都达到先进性目标是不现实的。先进分子是学生中的少数起到先锋模范作用的学生。只要求达到普遍性目标的要求过低。医学生的思想政治教育目标由普遍性到先进性要求分为基本目标、中级目标、崇高目标。基本目标要求医学生掌握思想政治教育知识的全部认知，有基本的是非判断能力，具备基本医学职业素质和职业责任感，遵纪守法，身心健康；中级目标要求医学生具有理论学习的主动性，自觉践行社会主义核心价值观，牢固树立为医药卫生事业奋斗终身的信念，诚信敬业，积极向上；崇高目标要求医学生具有一定的马克思主义理论基础，共产主义远大理想，自觉投身中国特色社会主义伟大事业的决心和为医药事业忘我献身的精神。大学生是社会的精英，医学生身负人民生命健康重任，即使是基本教育目标也要高于对一般公民的要求。此外，只达到基本目标和追求崇高目标的学生都是医学生中的少数，绝大多数医学生的思想政治教育目标是中级目标。崇高目标并不是一定要实现。通过五年的教育，以医学生的年龄阅历就能达到崇高目标是不现实的。这个目标是一个"止于至善"的过程，是要医学生确立目标终其一生提高自我修养，自觉追求的所谓"内圣外王"之道。根据这个目标层次，医学生思想政治教育内容的建构分三个层次：第一层次内容是医学生思想政治教育全部基本内容，体现为知识性呈现，包括马克思主义基本理论、中国特色社会主义理论、社会主义法治理论、社会主义道德要求、医德教育内容等；第二层次内容是在医学生思想政治教育全部基本内容基础上，突出重点内容，包括马克思主义科学方法、社会主义核心价值观、中国梦教育、医学的本质与医德；第三层次内容是在前两者的基础上，进一步以马克思主义三大理论、中国特色社会主义理论与现实、党的建设理论、为人民服务精神、精业勤业、勇于奉献与牺牲等为重点内容。上述层次划分针对的也是三个层次的医学生，一是一少部分缺乏责任感的学生，他们的表现是除了自己的事情，对其他人、其他事不热心，但守规矩、重学习；二是具有进取心，积极参与各项活动，严格要求自己，有责任感、使命感的学生，他们有奉献意识、富有同情心、乐于助人、充满活力和正能量；三是一少部分思想成熟，有政治追求和自我道德追求的学生，他们以入党为目标，处处严格要求自己，在学习工作中起模范带头作用。

（2）根据医学生身心特点划分教育内容层次

除了按照教育目标层次划分医学生思想政治教育内容层次，在内容建构时还要考虑医学生的身心发展的阶段性特点。医学生入学是从高中生转变为大学生，角色转换会带来心理变化；随着专业课学习逐步推开和对未来职业认识的深入，这种认识与预期相契合会与否带来不同的心理反应；即将毕业时，将面对考研与就业的压力，已经成长的医学生抗压能力不同，行为表现也不同。当然每个阶段同时伴有的思想的波动和变化也是以心理变化为基础的，应以心理的阶段性变化为标准进行医学生思想政治教育内容的分层。根据上述分期，教育内容分三个层次：一是大学生活适应内容，法治教育、心理健康教育、认识医学教育、学业生涯规划教育、大学成长规划教育等；二是马克思主义理论、中国国情和中国特色社会主义理论、医学心理学教育、医学伦理学教育、生命教育、医学法学教育、医学社会学教育等以及政治生命追求教育；三是职业准备教育、职业精神教育、抗挫折教育等。

医学生思想政治教育内容这两种分层方式是从不同角度作相对内容分层，在具体的操作层面将会出现重叠，高层次目标和内容针对的是一少部分先进的学生，或者是通过某种单独组织的形式进行，如学生党校或者通过个别重点谈心、谈话进行。遵循层次性原则构建医学生思想政治教育内容能够使内容层次清晰、更有针对性。

6.2.4　医学人文性原则

医学生思想政治教育是在医学院校针对医学生进行的思想政治教育，是医学教育的重要组成部分，与医学专业教育相关，与医学人文教育相辅相成。因此，医学生思想政治教育内容建构要把握医学人文性原则，凸显医学院校思想政治教育的特殊性。

医学性质决定了医学生思想政治教育内容建构要体现医学人文性。医学并不是现代人习惯的医学技术的理解。"医学是旨在保护和加强人类健康，预防和治疗疾病的科学知识体系和实践活动。"（《科学技术辞典》）"医学，狭义可视为医学科学的同义语，广义则应理解为医学科学和医疗保健事业的综合称谓。"（《自然科学学科辞典》）"医学是维持健康、预防、诊断和治疗疾病的实践活动。"（《大英百科全书》）这三个医学定义都把医学定义为至少含有"实践活动"的内涵，而医学这个"实践活动"所改造的客观世界是"人"的健康、疾病。因此，"知道是谁生了病比知道他生了什么病更重要"。（希波克拉底），也就是说，医生应该更为关注生了病的"人"而不是"病"，医学应该是人（仁）学。这种人学性消失于医学技术的兴起，但随着医患关系紧张、医学模式转变为生物—社会—心理模式，医学的人学性质又被重新认识。医学技术在维护人类生命健康利益上做出极大贡献，但同时也带来了"人"在医学中的消失的后果：人被肢解为器官，病人连完整的"人"都不算，怎么会被当作"人"来对待？医学职业者在兴奋于一个又一个医学技术进步的时候，忘却了医学技术进步的社会目的。医学从诞生起就是带着为了人的幸福快乐的目的，解除病痛是为了健康，健康是为了幸福。医学技术进步也是为了解除人的病痛，而且是更好更快地解除病痛，但人们认为这并不是为了人的幸福而是为了疾病本身。看起来是只要病痛解除，目的就达到了，没有人考虑患者内心的煎熬，医生失却了同情的能力，变得没有人情味了。当医学技术在面对病痛无能为力时，当医生不得不放下生物病因的徒劳探查转向社会、心理时，终于发现对"人"的关心、理解是解除病痛的必不可少的途径之一。医学的人学性得以恢复，医学是科学与人学复合的学科。这一性质决定医学教育要把"人学"理念传递给学生，思想政治教育是一个很好的渠道，思想政治教育本质上也是为了"人"，教育人为了"人"，因此，医学生的思想政治教育内容建构要有人学原则。

思想政治教育内容的人文社会科学性质决定了可以兼容医学人文内容。"观乎天文以察时变，观乎人文以化成天下。""天文"为天道，"人文"为人道。"人文指人类社会的各种文化现象。"（《辞海》）与自然科学相对指称的人文社会科学就是以人类文化为基础，形成的各种以人的精神及社会现象为研究对象的科学或学科。思想政治教育内容的多学科交叉性既有人文学科内容，又有社会科学学科内容，借鉴了"教育学、伦理学、心理学、政治学、社会学、法学、管理学、人才学"[1]等理论。医学人文中"人文"就是人类文化中的核心部分，集中体现在对人的尊重和关爱上。医学生思想政治教育内容是思想政治教育内容要求的具体化，其内容建构融合医学人文的内容，既符合思想政治教育内容人文性，也满足了医学教育对人文的需求。马克思主义哲学关于人的本质、人

---

[1] 陈万柏, 张耀灿. 思想政治教育学原理[M]. 北京: 高等教育出版社, 2007:45-47.

的全面发展、人生目的、人生价值等内容可融合生命教育内容，以尊重生命、珍惜生命、不断创造为教育目标；文化建设理论融合传统中医药文化内容，以继承和发扬传统文化、坚定文化自信、传承医德为教育目标；辩证法与自然辩证法结合，法治观与医患关系法律知识结合，心理健康教育内容与医学心理学内容结合，这就丰富了思想政治教育内容并增强医学生思想政治教育的针对性。

6.3　医学生思想政治教育内容建构的体系

要根据马克思主义理论引领原则、系统协调原则、层次递进原则和医学人文性原则，在现有医学生思想政治教育内容基础上进行内容的建构，突出教育内容的针对性，保障教育效度的稳定提升。医学生思想政治教育的具体内容应当包括思想政治教育基础性内容、时代性内容、与医学专业教育结合性内容、构建医患关系和谐的内容。

6.3.1　思想政治教育的基础性内容

医学生思想政治教育的基础性内容是以基本的思想政治素质培养为标准，与其他大学生思想政治教育一致，具体包括马克思主义基本理论、中国化马克思主义理论、中国特色社会主义民主法治、社会主义道德、基本国情和形势政策等。

（1）马克思主义基本理论

马克思主义是全党、全国人民的指导思想，马克思主义基本理论是思想政治教育的重要内容也是保证思想政治教育社会主义方向的内容，是抵御各种错误社会思潮的根本思想武器，主要涵盖马克思主义的三大组成部分：马克思主义哲学、马克思主义政治经济学、科学社会主义。作为医学生思想政治教育内容，马克思主义基本理论侧重于理论框架和必要的理论内容，不包含理论背景、延伸知识。马克思主义哲学突出方法论内容，联系观、发展观、矛盾观，其中又以矛盾观为重点内容；马克思主义政治经济学突出剩余价值论，资本主义社会基本矛盾；科学社会主义突出社会主义的现实发展与共产主义的必然性。马克思主义基本理论教育的知识目标是要医学生掌握认识和改造世界的辩证方法，价值目标是树立马克思主义的世界观、历史观。

（2）中国化马克思主义理论

中国化马克思主义理论是马克思主义在解决中国具体问题时获得的经验上升为理论，是马克思主义理论在中国的丰富和发展，包括毛泽东思想和中国特色社会主义理论。毛泽东思想包括新民主主义革命理论、社会主义改造理论和社会主义建设理论，以新民主主义革命理论为主要内容。中国特色社会主义理论是一个开放的理论体系，是改革开放以来中国共产党探索中国特色社会主义道路过程中形成的，包括邓小平理论、"三个代表"重要思想、科学发展观和习近平新时代中国特色社会主义思想，其中习近平新时代中国特色社会主义思想是马克思主义中国化的最新理论成果，是中国特色社会主义现代化强国目标实现的根本指导思想。毛泽东思想突出新民主主义革命道路理论、三大法宝理论、资本主义工商业社会主义改造理论、社会主义建设探索的正反经验对比等内容。中国特色社会主义理论突出各时期理论发展史及习近平新时代中国特色社会主义思想产生的必然性及改革开放理论、社会主义矛盾理论、社会主义初级阶段理论、五位一体建设理论、党的建设理论、祖国统一理论、外交政策、民族团结及统一战线理论等。中国化马克思主义理论坚持了马克思主义的立场、观点、方法，解决中国革命、建设和改革中的实际问题，与马克思主义一脉相承，又与时俱进，发展了马克思主义，都是被实践证明了正确的理论，是全党和全国人民智慧的结晶。

通过"问题——理论——解决问题——理论创新"的逻辑思路设置中国化马克思主义理论内容，使医学生理解这样的一个逻辑过程：中国具体问题的解决需要科学理论的指导，马克思主义理论是科学理论，但中国的问题具有自身的特殊性，马克思主义理论在中国要具体问题具体分析，结合中国具体实际才能解决中国问题，随着中国问题的解决，中国经验上升为新的理论。新民主主义革命时期中国面临的问题是半殖民地半封建中国应该走一条什么样的革命道路的问题。马克思主义理论来到中国，与中国具体革命问题相结合，产生了反帝反封反官僚资本主义的新民主主义革命理论。新民主主义过渡时期，中国面临的是在资本主义经济、小私有经济、社会主义经济、半社会主义经济、国家资本主义经济成分共存的经济基础上应该如何进行社会主义革命的问题，采取了和平改造生产关系的办法而不是暴力革命的办法，消灭了资产阶级和私有制，产生了社会主义改造理论。进入社会主义，中国面临的"已经是人民对于建立先进的工业国的要求同落后的农业国的现实之间的矛盾，已经是人民对于经济文化迅速发展的需要同当前经济文化不能满足人民需要的状况之间的矛盾"。这就要求我们团结一切可以团结的力量，共同进行社会主义工业化建设，正确处理人民内部矛盾和十种关系的理论被提出。后我国因脱离国情，学习苏联计划经济体制，加之思想路线的"左"倾错误，出现工作失误。改革开放新时期，中国面临的是"人民日益增长的物质文化需要与落后的社会生产之间的矛盾"，急需改革体制机制中束缚生产力发展的障碍，大力发展生产力是解决矛盾的根本办法。针对"建设什么样的社会主义？怎样建设社会主义？"的具体问题产生了邓小平理论，奠基中国特色社会主义理论；针对"建设什么样的党？怎样建设党？"的具体问题产生了"三个代表"重要思想；针对具体问题"实现什么样的发展？怎样发展？"产生了科学发展观。中国特色社会主义进入新时代，中国进入新的历史方位，面临着"人民日益增长的美好生活需要和不平衡、不充分的发展之间的矛盾"，深化改革解决发展的不平衡、不充分问题是解决矛盾的根本办法。针对具体问题"建设什么样的中国特色社会主义？怎样建设中国特色社会主义？"产生了习近平新时代中国特色社会主义思想。中国化马克思主义理论教育的知识目标是要医学生掌握中国化马克思主义理论各组成部分的主要内容，价值目标是巩固医学生对党的热爱与忠诚，对中国道路、中国理论、中国制度、中国文化的自信。

（3）中国特色社会主义民主政治理论

中国特色社会主义民主政治理论是在党的领导、人民当家做主、依法治国有机统一的前提下，探索适合社会主义的民主政治和法治国家的经验总结。"党的领导是人民当家做主和依法治国的根本保证，人民当家做主是社会主义民主政治的本质特征，依法治国是党领导人民治理国家的基本方式，三者统一于我国社会主义民主政治伟大实践。"[1]中国特色社会主义

[1] 中国共产党第十九次全国代表大会文件汇编[M]. 北京: 人民出版社, 2017:29.

民主、法治理论教育的主要内容是党的领导、人民当家做主、依法治国的三者关系，中国实质民主与西方形式民主的比较，国家治理体系与治理能力现代化基本问题，法治理念与思维。党领导人民依法治国，党的领导是人民当家做主、依法治国的根本保证，离开了党的领导，一切无从谈起；人民当家做主是真正的大多数人的民主，人民是党的领导的政治基础，人民民主有助于改善党的领导，法制出自民意；法治为人民当家做主的权利、党的领导地位保驾护航，党的领导通过人民意志上升为法律，依法治国是党领导人民实现当家做主的过程。中国民主是真正的民主，人民行使民主权利没有经济地位的限制，国家保证人民充分行使权利。西方民主是形式民主，以选票的形式掩盖了事实上的不平等，真正的民主权利只有少部分资产阶级真正享有，政权的更迭也不过是在资产阶级内部循环。中国"国家治理体系和治理能力现代化，就是要适应时代变化，既改革不适应实践发展要求的体制机制、法律法规，又不断构建新的体制机制、法律法规，使各方面制度更加科学，更加完善，实现党、国家、社会各项事务治理制度化、规范化、程序化"。[1]国家治理能力与治理体系现代化实质上是如何进行社会主义社会治理的问题。法治理念与法治思维的内容主要以法律至上意识为核心，尊重法律权威、法律对权力的制约、法律对人权的保证，履行正当程序观念教育。中国特色社会主义民主法治理论教育的知识目标是使医学生了解中国的基本政治制度设置，权力分配、法治建设的状况，价值目标是引导学生树立权利意识、民主意识、法治意识。

---

[1] 姜淑兰, 张丽红. 怎样理解推进国家治理体系和治理能力现代化问题[J]. 思想理论教育导刊, 2017:90.

（4）社会主义道德

根据2001年《公民道德建设实施纲要》，"从我国历史和现实的国情出发，社会主义道德建设要坚持以为人民服务为核心，以集体主义为原则，以爱祖国、爱人民、爱劳动、爱科学、爱社会主义为基本要求，以社会公德、职业道德、家庭美德、个人品德为着力点。在公民道德建设中，应当把这些主要内容具体化、规范化，使之成为全体公民普遍认同和自觉遵守的行为准则"。社会主义道德就是"全体公民普遍认同和自觉遵守的行为准则"。社会主义道德教育包括共同价值观，理想信念，社会公德、家庭美德、职业道德、个人道德要求，传统美德，革命道德等内容。当代中国共同的价值观即社会主义核心价值观，富强民主文明和谐的国家价值观，自由平等公正法治的社会价值观，爱国、敬业、诚信、友善的个人价值观。社会个体从个人价值观身体力行，自觉维护公平正义，践行社会价值观，投身中国特色社会主义事业，践行国家价值观。理想信念包括个人理想、中国特色社会主义共同理想、共产主义远大理想三个层次，个人理想是在一定人生价值观引导下，与国家社会发展需要相结合的个人成长计划与奋斗目标；中国特色社会主义共同理想是当下全体人民共同奋斗的目标，是凝聚人心的精神力量；共产主义远大理想是对少数先进分子的要求，是对共产主义的坚定信仰。社会公德、家庭美德、职业道德、个人道德是全社会道德建设的具体体系，社会公德关注的是公共生活领域的道德，家庭美德关注的是家风、孝道，职业道德关注的是恪尽职守、爱岗敬业，个人道德关注的是基本的人际交往准则。传统美德教育要开发传统道德建设的资源，创造性地把传统道德精华转化为当代行为准则，如尊师重教、孝敬长辈，去其愚昧压制的色彩，以人格平等为基础倡导对师长的尊重。革命道德是继承在长期革命过程中形成的道德规范和原则，如不怕牺牲的精神、百折不挠的精神、信仰坚定的精神等，丰富道德教育内容。社会主义道德教育知识目标是使医学生掌握基本的行为规范、道德要求，价值目标是引导学生树立奋斗理想，树立以德治国的理念，理解共产主义信仰的崇高性。

（5）基本国情与形势政策

基本国情和形势政策内容与社会现实联系最为紧密，是实践性内容。中国的基本国情是正处于并将长期处于社会主义初级阶段，这是中国最大的国情。从社会性质上来说，中国是社会主义社会，但从发展程度上看处于初级阶段。社会主义初级阶段不是泛指而是特指中国在生产力水平低下的前提下进入社会主义必然要经历的一个长期发展阶段。当下的基本国情教育内容重点在于解决社会形态的跨越式发展与生产力发展水平低下的矛盾，关键在于回答社会主义制度能否创造生产力发展的奇迹的问题；在中国特色社会主义进入新时代的背景下，还要解决社会主要矛盾发生变化与社会主义基本国情不变的理论困惑，关键是回答原有社会主要矛盾的解决是否根本改变社会主义初级阶段的发展程度。形势政策内容随国内外形势发展而变化，紧跟国家政策发展，关注与中国有关的大国政策调整和国际事件。基本国情与形势政策教育在知识目标上是使医学生理解基本国情的内涵，把握基本国情发展的阶段性变化，了解国内外时事，价值目标是引导学生树立初级阶段基本路线不变观念以及巩固其国家、民族的责任意识。

（6）习近平新时代中国特色社会主义思想

习近平新时代中国特色社会主义思想是马克思主义中国化的最新理论成果，回答了新的时代提出的新的问题，即"新时代坚持和发展什么样的中国特色社会主义？怎样坚持和发展中国特色社会主义？"[1]"是全党全国人民为实现中华民族伟大复兴而奋斗的行动指南，必须长期坚持并不断发展"。[116]习近平新时代中国特色社会主义思想核心内容是八个明确，即"明确坚持和发展中国特色社会主义，总任务是实现社会主义现代化和中华民族伟大复兴，在全面建成小康社会的基础上，分两步走在21世纪中叶建成富强民主文明和谐美丽的社会主义现代化强国；明确新时代我国社会主要矛盾是人民日益增长的美好生活需要和不平衡不充分的发展之间的矛盾，必须坚持以人民为中心的发展思想，不断促进人的全面发展、全体人民共同富裕；明确中国特色社会主义事业总体布局是'五位一体'、战略布局是'四个全面'，强调坚定道路自信、理论自信、制度自信、文化自信；明确全面深化改革总目标是完善和发展中国特色社会主义制度、推进国家治理体系和治理能力现代化；明确全面推进依法治国总目标是建设中国特色社会主义法治体系、建设社会主义法治国家；明确党在新时代的强军目标是建设一支听党指挥、能打胜仗、作风优良的人民军队，把人民军队建设成为世界一流军队；明确中国特色大国外交要推动构建新型国际关系，推动构建人类命运共同体；明确中国特色社会主义最本质的特征是中国共产党领导，中国特色社会主义制度的最大优势是中国共产党领导，党是最高政治领导力量，提出新时代党的建设总要求，突出政治建设在党的建设中的重要地

[1] 中国共产党第十九次全国代表大会文件汇编[M]. 北京: 人民出版社, 2017:15.

位"。[115-16]这八个"明确"涵盖了新时代中国特色社会主义总目标、总任务、总布局、战略布局、发展方向、发展动力、外部条件、政治保证等基本问题。为贯彻落实八个"明确"提出了十四条"基本方略"。习近平新时代中国特色社会主义思想是在中国改革进入深水区，发展进入关键期，解放思想，实事求是，冲破思想观念障碍，突破利益固化藩篱，在取得新的伟大成就基础上，获得的伟大理论成果，是实现新时代中国特色社会主义建设目标的思想保证。当代大学生就是要实现和完成新时代目标的建设者和接班人，必须深入领会其中真谛，并理论联系实际，将其应用到自己的学习、工作、生活中去，自觉坚持习近平新时代中国特色社会主义思想的指导。

6.3.2 医学生个体发展相关性内容

思想政治教育内容的安排以"供给方"的需要为基础，接受一方能否接受还需考虑"供给"能否满足接受方的"需要"，满足接受方个体发展需要。医学生作为特殊群体对思想政治教育的全面发展功能有自己的要求，医学生要实现进一步的社会化，需要有个人道德修养、医学职业道德修养、身心健康的内容和方法的具体指导。思想政治教育应当在内容上给予充分的安排。

（1）医学生个人道德修养内容

个人品德修养既是社会需要更是个人内在需求，在不同成长阶段，心理成熟程度不同，个人品德标准不同，儿童的道德观念是人最早获得的社会化标准，如集体观念、共享观念、纪律观念、行为礼貌观念。随着的年龄的增长，心理发展，道德内容的深度也随之发展，逐渐形成稳定的道德认知和信念，这将对个人行为发挥定向功能，决定人的行为动机和行为方式。医学生个人道德修养除一般的诚信、明礼、守法、勤劳、勇敢、乐于助人等基本道德外，还应包括仁爱之心、甘于奉献、节制物欲、慎独等指向未来职业的个人更好水平的道德。医学生的仁爱之心应是对万物皆有爱护之意，爱自己、爱家人到推己及人，爱所有同类的"人"，推人及物爱自然界的万物，仁爱之心表现为换位思考的习惯，设身处地为他人着想；表现为同情弱者，愿意帮助弱者；表现为宽容对待人和事，理性处理问题。医学生甘于奉献应是对家庭、社会无回报地贡献自己的力量，体现为有家庭责任感，为家人做力所能及的事情，有社会责任感，积极参加志愿者活动为社会提供义务服务。医学生节制物欲应是意志品质之一，应是对懒惰、享乐欲望的自我约束，体现为有规律的健康学习生活、对未来有明确目标、不虚荣不贪婪、不为物役。医学生的慎独是自我内心监督，既是道德内容又是修养方法，体现为知行合一，坚定内心的道德原则，不盲从。医学生个人品德教育内容在知识目标上要掌握道德要求的内容、理解这些道德的作用，在价值目标上引导学生树立自己的道德底线和原则。这些品质是较高水平的道德要求，医学生具备这些品质对于养成自我管理的习惯，圆满完成艰难的学业，获得良好的人际关系具有重要作用，在未来职业生活中能够自觉地实施利他行为，关爱病人，抵制物质诱惑。

（2）医学职业道德修养内容

职业道德包括职业态度、职业理想、职业责任、职业技能、职业纪律、职业作风几方面的道德。在《公民道德建设实施纲要》中明确规定了一般的职业道德具体要求，即"爱岗敬业、诚实守信、办事公道、服务群众、奉献社会"，医学职业道德当然要以此为基础，但这只是针对所有职业设定的普遍性要求，也是职业道德的最低要求，医学职业的特殊性决定了其职业道德标准要高于其他职业，"健康所系，性命相托"，因与生命的重大关切，对医学从业者职业行为必然会提出高标准的道德要求，除了一般的爱岗敬业、诚实守信等要求，还应当包括医学职业信仰、勤业敬业精神、救死扶伤精神、廉洁自律意识。医学生职业信仰是指医学生随着对医学和医学职业的了解，对医学职业的认识逐渐从谋生手段到职业选择到人生事业到医学信仰的心理发展过程，表现为主动学习，自觉全面发展职业素质，树立职业信仰的医学生投身医学事业的动力更加强劲。医学生职业信仰的培养对于个人职业发展、医学人才队伍职业忠诚、培养专家型医疗队伍具有重要意义。医学生勤业精业是指在专业领域不断克服困难、勇于突破、努力探索的精神。从自然科学角度看，医学是复杂而精深的学科，手术的精确度、用药的准确性都考验着医务工作者的耐心与技术；从人文科学角度看，医务工作者的每一个职业行为都与人的生命健康息息相关，甚至"一念生死"。因此，医学生对医学技术精益求精的态度也是职业道德要求之一。勤业精业具体表现为以为他人解除病痛的态度学习医学专业知识，以推动祖国医疗卫生事业发展为目标钻研医学技术，以为全人类医学发展贡献力量的理念涉猎医学前沿。救死扶伤是医务工作者的天职，是医学职业与生俱来的职业道德要求，是以人的生死、病痛为令，激发医学职业行为动机的内在信念，表现为及时的习惯性职业行为反应，不计得失、不怕牺牲的职业行为投入。医学的存在是为了人类健康，是人的医学，救死扶伤精神是医学人学性在医学职业道德建设中的集中反映。牢固树立医学生救死扶伤精神既有利于医学生个人职业生涯发展，也有利于医疗卫生行业行风整体建设。廉洁自律的意识是当下对医学生重点培养的职业道德。廉洁自律本是对掌握公权力的受众进行的教育，似乎与医学职业没有什么关系，然而医疗腐败并不是医疗行业的个别现象。虽然全行业都对这个问题进行了全方位整顿，但并未完全杜绝，医务工作者收受患者及患者家属红包、药商回扣的现象仍然存在，其社会影响也一时难以消除。廉洁自律意识内容既包括义利观的引导又包括法治观的教育，表现为洁身自好、以义为利、以己度人真心服务、践行明德知法守业。廉洁自律意识的培养使医学生在校期间构建清廉高洁的心理防线，生发坚持道德标准的信念，自觉抵御医疗腐败现象的侵蚀，有利于医疗行业清正廉洁形象建设。

（3）心理健康修养内容

心理与思想的界限在思想政治教育实践中一直是比较模糊的，或者说并没有心理的概念。心理问题与思想问题混杂在一起，特别是一些认识问题，更难以判断是哪个方面的问题。实践中逐渐发现有些"思想"问题无法通过价值引导的办法解决，这样的"思想"问题实际是心理问题，如抑郁、焦虑等心理状态，严重的发展到抑郁症、焦虑症、甚或是精神类疾病。从另一方面说，没有心理健康的教育对象也就无法进行思想教育。可见心理健康教育是思想政治教育的基础，应当是思想政治教育的组成部分。1994年《中共中央关于进一步加强和改进学校德育工作的若干意见》明确提出：要"通过多种方式对不同年龄层次的学生进行心理健康教育和指导，帮助学生提高心理素质，健全人格，增强承受挫折、适应环境的能力"。这是国家首次将心理素质纳入学生德育工作序列。2001年《教育部关于加强普通高等学校大学生心理健康教育工作的意见》专门针对大学生心理健康教育的任务内容，原则、途径和方法、队伍建设等做出了明确规定。一般大学生的心理健康教育包括心理健康的基础知识、促进心理健康的途径、心理调适方法、常见心理异常的判断。医学生心理健康教育的内容除了一般内容外，还要有针对医学生的心理调适方法、为职业做准备的其他心理健康知识，不同群体的心理特点、病人心理特点、康复心理知识、药物心理知识。

1）心理调适方法

医学生是学习就业压力相对较大的群体，心理调适方法格外重要。针对当代医学生成长的社会与家庭环境优越、抗挫折能力不足的特点，针对其承受着学习和就业叠加压力的特点，倾诉与社会支持、改变认知、情绪控制、寻求帮助是主要的方法。倾诉与社会支持是最方便的解压方式，可选择的倾诉对象很多，如同学、朋友、老师、家人等，这些社会关系又是医学生主要的社会支持力量。改变认知是心理调适的常用方法，压力来自对超出自己能力范围的事物的无措，正确评价自己与事物之间的关系，调整看问题的角度，适当改变对事物、环境的预期等都可减压。情绪控制是培养平和心态的重要环节，通过自我观察、自我思考、转移注意力的方式将负面情绪控制在爆发之前，但情绪控制对个人能力要求比较高。寻求帮助是医学生要特别注意应用的方法，寻求帮助主要是指向心理咨询师寻求帮助，获得专业指导。不仅要在感到自己有了心理问题时寻求心理咨询师的帮助，还应该有主动咨询的意识，定期进行心理评估，了解自己的心理状况。

2）不同群体心理特点的把握

不同群体主要指重要年龄段的心理特点，如婴儿、儿童、青年、中年、老年期心理特点；人生重要经历期心理特点，如孕期、青春期、围绝经期心理特点。一般地，每个人都要经历婴儿、儿童、青年、中年、老年心理发展过程，每个发展期有各自的特点；人生重要经历期与自然发展年龄段的重合，会出现双重心理特点。在医学生未来职业中可能涉及的人的各年龄段和重要经历期的心理特点有，婴儿期的动作、语言、情绪的发展程度及对母亲的依恋类型；儿童期的语言、思维、情绪、行为发展特征；青年期与青春期思维认知能力的成长与青春期叛逆问题并存；中年期与围绝经期个性心理特征的稳定性与围绝经期身心变化；老年期失落感、记忆力减退、死亡焦虑等。孕期女性在心理上也会发生许多变化，情绪多变、敏感、紧张焦虑等。掌握这些心理知识一方面能够指导医学生自身的心理发展，另一方面与生物—社会—心理的医学模式相契合，有助于医学生在未来工作中对病与非病及病因的准确判断。

3）患者心理特点的把握

心理特点包括不同年龄段患者心理特点，不同疾病患者的心理特点，不同病程患者的心理特点。患者都有被接纳和希望康复的心理，但年龄、疾病、病程都会影响患者心理。不同年龄段患者心理差异较大，婴幼儿对疾病痛苦没有掩饰，同样也没有心理负担；青年人情绪激烈，不愿面对疾病现实；老年人健康愿望强烈，心理负担比较重。疾病性质不同，患者心理反应不同，一般的常见病和慢性病患者在接受了疾病的现实后心理趋向稳定；重症、重大创伤患者心理应激反应强烈，甚至心理打击大于躯体伤害。处于不同病程的患者心理表现复杂，初患病患者一般情绪比较紧张、焦虑，急于了解疾病性质和治疗结果；治疗期的患者适应了角色变化，治愈的结果越是符合期待心理越稳定，相反则波动较大，常常悲观失望、容易抑郁；临终期的患者一般情绪不稳、恐惧居多，坦然面对死亡的比较少。了解这些患者心理知识有助于医学生在职业行为中恰当实践个人道德和职业道德行为，患者对医生具有强烈的情感依赖，医生很容易影响患者，把握患者心理状态，有针对性地帮助患者是医学目的的一部分，即使对并无医学治疗价值临终患者，临终关怀也是完成全部医疗的最后步骤。

4）康复心理知识的把握

"康复是指综合地、协调地应用医学的、社会学的、教育的、职业的和其他的措施，对残疾者进行训练或再训练，以达到减轻致残因素造成的后果，尽量改善其功能，使其重新参加社会活动的一种过程。"[1]把握康复心理知识要了解残疾与心理变化、康复心理治疗等内容。后天残疾与躯体功能伤害都会给患者带来巨大的心理冲击，截肢、瘫痪、失语、失明、失聪，身体伤残及原有功能丧失将极大影响残疾人正常的生活与社会功能，一般会出现拒绝接受、进而颓废的心态。康复心理治疗则是残疾人康复方案的一部分，是采用心理干预和治疗方法，动员社会支持力量对残疾人心理进行康复治疗，重塑残疾人生活信心的过程。了解康复心理知识，使医学生理解残障人士、关注残障人士，在职业生活中特别关怀残障特殊群体。

5）药物心理知识的把握

药物的使用对人的心理，如记忆力、意志力、情绪、神经运动产生影响，反之，患者心理对药物的效力产生影响。药物

---

[1] 陈力. 医学心理学[M]. 北京: 北京大学医学出版社, 2003:250.

对心理的影响，有些药物的不良反应会导致抑郁、或神经亢奋或药物滥用与药物依赖等；心理暗示对患者用药效果的影响很大，医生态度亲和、患者信任医生都会产生积极的药效，反之则药效不理想；安慰性用药是利用患者配合治疗的心理、充分信任用药者的心理，使本不具有对症效果的替代品发挥了应有的效用。善于应用药物心理知识能够增强医学生未来职业的成就感。

6.3.3　与医学人文教育结合性内容

医学生思想政治教育与医学人文教育目的的一致性、内容的兼容性，在医学生思想政治教育内容中应当含有医学人文内容。主要应包括医学本质、医学哲学、卫生法学、医学伦理学前沿等相关内容。

（1）与医学本质相关的内容

对医学本质的认识是决定医学生在医学职业中是以技术为唯一发展方向还是以技术与人学兼容为努力方向的根本问题，也影响到一般性思想政治教育内容，如中国特色社会主义理想、道德的教育效果。与医学本质相关的内容主要是中外医学发展简史、医疗改革概况。从中外医学起源、古代医学发展成就、近代技术医学的得失了解医学的社会性及人学性，引导学生把握医学的本质和社会价值。了解中国医疗改革的历史和现状，定位自己职业发展的方向，做好投身祖国医疗卫生事业的思想准备，增强使命感。

（2）与医学哲学相关的内容

科学的方法论是医学生学习和研究医学必备的理论工具。与医学哲学相关的内容主要是自然辩证法、马克思主义哲学认识论和方法论以及生死观教育。"自然辩证法是马克思主义关于自然和科学技术发展的一般规律，人类认识和改造自然的一般方法以及科学技术与人类社会相互作用的理论体系，是对以科学技术为中介和手段的人与自然、社会的相互关系的概括和总结。"[1]了解马克思主义自然观、科学技术观，掌握科学技术研究和实践的方法，指导医学生的医学技术的研究与实践。马克思主义的认识论和方法论是自然辩证法的理论根源，包括联系的观点、发展的观点、一分为二的观点，对立统一规律、质量互变规律、否定之否定规律，一切从实际出发、理论联系实际、具体问题具体分析、历史和逻辑相统一的方法等。通过医学哲学相关内容的学习使医学生领悟到马克思主义认识论与方法论的科学性，并把这些方法应用于具体的实践。生死观教育包括生命观教育和死亡观教育，即如何看待生死，二者是相辅相成不可分割。"教育中不必回避死亡，因为意识到死，才能自觉地生，死亡的追问就是对生命意义的解读。"[2]医学生的生死观教育内容有珍视自然生命、追求精神生命、敬畏生命与临终关怀等内容。通过生死观教育能够使医学生深入地理解死亡的意义，反思生命存在的意义，尊重自己和他人生命，自觉执行临终关怀。

（3）与卫生法学相关的内容

卫生法是关于医院管理、医疗行为、药品生产的一系列规范的总称。在法治国家建设进程中，卫生法是一个重要的法律部门，包括《中华人民共和国执业医师法》《医疗机构管理条例》及其实施细则、《护士条例》《中华人民共和国母婴保健

---

[1]　编写组. 自然辩证法概论[M].北京: 高等教育出版, 社2012:1.

[2]　宋晔. 一个亟待关注的课题：生死教育[J]. 上海教育科研, 2003(2):23.

法》及其实施办法、《中华人民共和国义务献血法》《中华人民共和国传染病防治法》《中华人民共和国药品管理法》《医疗事故处理条例》等。医学生在校期间应当学习《中华人民共和国执业医师法》《医疗事故处理条例》，这两个内容与医学生学习、职业发展联系最为密切。医学生必须取得执业医师资格方可上岗，应当掌握执业医师资格取得的办法、如何注册、执业规则等内容。医疗事故处理条例是医学生将来最可能经常用到的法律，应当熟知。通过卫生法学的学习不仅使医学生掌握必要的职业相关法律，并且要与法治思维教育、法治国家建设教育相结合，从而使医学生树立法律至上的法治理念。

（4）医学伦理学前沿内容

医学伦理学是运用伦理学的理论和方法研究医学领域中人与人、人与社会、人与自然关系的道德问题的一门学问。与医学生思想政治教育结合，作为医学人文教育内容的医学伦理学前沿问题包括生殖伦理、死亡伦理和器官移植伦理等内容。生殖伦理中又包括人工生殖辅助技术引起的遗传学母亲与妊育母亲伦理问题、精（卵）子库伦理问题、被弃胚胎伦理问题、优生学伦理问题。人工生殖辅助技术的发展对解决不育问题来说确实是巨大进步，但其后果多半是伦理、道德、法律关系交织在一起，滥用生殖辅助技术产生的代孕母亲与生物遗传学母亲之间的权利争端，同一精（卵）子供体生物学后代婚配概率问题，培养的活胎、优生筛查被放弃的胎儿的生存权问题等具体问题都是摆在人类面前的伦理难题。死亡伦理包括安乐死、临终关怀伦理问题。安乐死与传统孝道的价值冲突、与医生救死扶伤天职的价值冲突问题，临终关怀标准与责任问题。器官移植伦理包括尸体器官移植伦理问题、活体器官移植伦理问题。

器官移植与中国传统保护受之父母的"身体发肤"的孝道、最低死亡尊严"死留全尸"的观念产生很大冲突，因器官资源紧张又引发了黑市买卖、器官商品化等问题。医学技术的进步解决了生老病死中的一些难题，在时间上延长了人的生命，在空间上丰富了人生命价值，增加了幸福感，同时技术应用、技术滥用又带来伦理难题。切实了解这些医学伦理的前沿问题与难题，一方面是使医学生对医学的社会目的、医学本质有更深刻的理解，一方面促进医学生对医学伦理问题的关注，深入思考，为解决医学伦理难题贡献力量。

6.3.4 构建医患关系的和谐性内容

医学教育培养的医学生为社会服务，满足人民对医药健康服务的需求，不仅要有优良的技术服务，更要有高质量的服务，即要求和谐的医患关系。医学生思想政治教育要承担培养对人民健康认真负责的医学人才的任务，为构建和谐医患关系服务，内容中应当包含如何进行良好医患沟通、主导医患关系和谐互动的内容，主要包括医患关系理论、医患沟通技能、医学与社会。

（1）医患关系理论

医患关系是医疗实践中的核心关系，医患关系分为狭义和广义两种，从个体角度看医患关系涉及医护人员与患者，是为狭义医患关系；从社会角度看医患关系涉及医学团体和社会，是为广义医患关系，社会包括患者、患者家属、患者所属组织、社会媒体等。医患关系理论包括医患关系类型理论、医患权利义务理论、医患冲突与医疗纠纷。医患关系类型大体分为两类，即技术性关系与非技术性关系。以医疗技术为主线的医患关系，一般分为"主动-被动型医患关系""指导-合作型医患关系""共同参与型医患关系"，[1]在医疗实践中主动-被动型和指导-合作型的医患关系居多，这是由"医"方的专业优势所决定的。在技术性关系之外医患之间的重要关系有经济关系、法律关系、人际关系，经济关系是患方付费、医方按劳取酬的关系，适用等价交换原则；法律关系是患方与医方实际就诊行为和接诊行共同构成的医疗法律关系，受到相关法律的保护和调整；人际关系是医务工作者与患者、患者家属间在互动中按照一定的道德原则建立的特殊人际关系。非技术医患关系中人际关系是社会关注的重点，也是医学生思想政治教育的重点内容。医患权利义务内容包括医者权利义务和患者权利义务，《中华人民共和国执业医师法》《护士条例》中对医护人员的权利义务做出了明确规定，这是医学生应该学习掌握的内容，更主要的是要学习医患道德权利义务。医者的道德权利包括独立的诊治权、特殊干涉权（为患者、社会公众生命健康利益干涉患者行为）、合理报酬权、职业行为豁免权，道德义务包括职业诚信义务、告知义务、保护隐私保守秘密义务。患者的道德权利包括平等医疗权、获取信息权、知情同意权、保守秘密权等，道德义务包括积极配合治疗义务、支付治疗费用义务、尊重医务人员义务、遵守医院规章义务等。医患冲突和医疗纠纷的内容包括医患冲突的原因分析、医患冲突的现状及困境、医疗纠纷解决的程序与效果等。医患冲突是多方面原因引起的，医者冷漠态度、不尽职尽责，患者的不理解和不信任是主要原因，需要多方协同才能构建和谐医患关系。

---

[1] 孙慕义. 医学伦理学[M]. 北京: 高等教育出版社, 2004:72.

（2）医患沟通技能

医者的个人道德、职业道德修养为和谐医患关系的建立提供了可能性，医患沟通技巧能够顺利传递仁爱之心、避免不必要的误会，使和谐医患关系可能性靠近现实性。医患沟通技巧包括医患沟通目的和意义、医患沟通障碍、医患沟通技能。医患沟通的目的和意义在于取得患者积极配合，提高诊疗效率，为患者提供所需信息，向患者表达技术以外的人道关怀，消除不必要的隔阂，避免纠纷。医患沟通障碍包括医患知识不对称、医患缺乏相互理解、医者缺乏沟通意识、社会舆论误导，这四方面是造成医患沟通不畅、医患间隔阂丛生的主要原因，最终可能导致矛盾激化。医患沟通包括正常就诊状态的沟通、矛盾冲突状态沟通、医疗纠纷状态沟通，最经常的是就诊的常态沟通。沟通方式包括语言沟通、非语言沟通，非语言沟通包括行为、表情、环境沟通。医患沟通技能包括正确的沟通理念、沟通资料准备、沟通技巧。正确的沟通理念应当是以诚相待、平等尊重、谆谆不倦。沟通资料要准备充分，初诊要采集自然资料，耐心问诊，持续沟通要充分了解病情、病程变化，费用使用情况，患者社会支持情况，患者的情绪变化及心态等。沟通技巧首先是语言艺术，注意语音语调的舒适感、语言表达时的态度，注意专业语言的通俗性以达到沟通目的；其次是耐心倾听，使患者的被尊重感得到满足；再次是要尊重患者的知情同意权，改变医者一言堂的做法，给出负责任的可行性建议，作为患者决策参考，任何有关诊疗方案的变化都要经过患者，取得患者同意；第四是注意情感共鸣，包括医者对患者的同情和患者对医者的理解；第五是生活关心类语言的使用，拉近医患的距离；第六是注重非语言沟通工具的使用，与患者的人际距离、目光交流、面带笑容等；第七是遇到危重病情时选择适当的人和时间如实告知，既要实事求是，又要给患者及家属以思想准备。非正常状态下的医患沟通要保持冷静，避免不负责任的语言和意思表达，在确保安全的前提下进行有效沟通。良好的医患沟通是建立和谐医患关系的基础，良好的沟通能够取得患者充分的信任，保证患者积极配合诊疗，医者对患者的心理暗示会增强疗效；良好的沟通能够使患者更加充分理解医者，对医者报以宽容、爱护，减少不必要的矛盾和冲突。医学生医患沟通技能的训练有利于职业生涯中处理好与患者的关系，更顺利地执业、为人民服务。

（3）医学与社会

生物—社会—心理医学模式来自对医学与社会关系认识的深化，医学与社会学的交叉的内容应进入医学教育视野，其中医患角色的社会行为、社会因素导致疾病、健康与疾病的社会文化反应等内容是医学生认识社会的又一个角度，应进入医学生思想政治教育内容序列。医患角色的社会行为分析包括医患角色进入与冲突、各自行为的主动被动以及社会预期。社会因素导致疾病主要是生活环境、收入水平、工作压力等因素对疾病的影响。健康疾病的社会文化反应是不同文化背景对健康、疾病、死亡的看法和态度。了解医学与社会，对医学生把握医学的社会目的、认识医学本质具有重要作用。

本章小结：医学生思想政治教育内容建构既是对挑战的回应也是自身发展的内在需求，其目标是打造全程育人理论工具、形成特色鲜明内容体系和提升思想政治教育效度。本着坚持马克思主义理论引领，本着系统协调原则、层次递进原则、医学人文性原则，建构了基础性内容、满足医学生个人发展的内容、与医学人文教育结合的内容、促进医患关系和谐内容的体系。该内容体系保证了国家要求，体现了医学教育特色和医学生特点，满足了社会需要。落实这些内容要在医学生思想政治教育各环节具体实施。

第七章　实现当代医学生思想政治教育内容建构的路径优化

建构医学生思想政治教育的内容只是完成了第一步静态形式的建构，通过思想政治理论课主渠道教育、日常思想政治教育、"课程思政"合理分工承担内容并相互交叉、相互支持，以及实施教育内容的课程体系、管理体制、规章制度建设最终完成的，是第二步动态形式的建构。

7.1　发挥思想政治理论课的主渠道作用

思想政治教育内容通过思想政治理论课主渠道呈现是传统方法，同时也是最重要的方法，通过正规的课堂教学形式进行理论教育是规模化的有保证的思想政治教育。建构医学生思想政治教育内容首先要经过主渠道来呈现并检验调整这个结构。

7.1.1　教学内容整合与呈现

思想政治理论课由四门思政课和形势与政策教育课组成，医学生思想政治理论课也是一样，但在对内容建构后，医学生思想政治理论课课程内容要进行整合。课堂教学内容根据新的内容结构进行整合，课堂教学中以问题式呈现整合的内容，以选修课补充必修课的不足，并以实践教学巩固学生的认知。

（1）内容整合

思想政治理论课主渠道承担的内容的整合包括两个方面：一是原有内容的内部整合与衔接，二是与医学教育特色内容结合。

原有四门思想政治理论课内容内部调整与衔接。四门思想政治理论课主要是承担基础思想政治教内容的教育任务，包括马克思主义基本原理、中国化马克思主义理论、思想道德修养和法治教育、中国近现代史等内容，四门课程内容上有所交叉和联系。鉴于此，就要对不必要的重复的内容进行删减，有联系的内容要突出联系性。课程间的重复内容删减和加强联系是为了四门课的内容上衔接更加紧凑。"基础"课的理想教育与"原理"课的科学社会主义部分有联系，要适当用共产主义原理来强化远大理想教育；"基础"课中社会主义核心价值体系、核心价值观内容与"概论"课文化建设部分有联系，要从文化自信的角度强化践行社会主义核心价值观教育；"纲要"课内容是"概论"课理论的历史背景与脉络，二者之间要处理好史论的关系，并且理论离不开历史，因此"纲要"课重点突出在新民主主义革命史、过渡时期和社会主义建设探索时期的历史内容，简略处理改革开放后的历史。"概论"课借"纲要"课历史学习背景突出毛泽东思想的"论"，重点在中国特色社会主义理论体系内容并突出马克思主义中国化的最新理论成果——习近平新时代中国特色社会主义思想。"概论""纲要""基础"课还要注重借鉴"原理"课的世界观、方法论和认识论。在开课顺序上，依次是"基础"—"原理"—"纲要"—"概论"，这也是内容的逻辑顺序。通盘整合四门课的内容既是为了思想政治理论课的自身体系的逻辑顺畅，也是为了与医学人文教育内容的结合留下空间。

要注意与医学教育特色内容结合。以"05"方案为本，在四门政治理论课内容整合的基础上，与医学人文教育内容、医学生个人成长需要内容、构建和谐医患关系的内容相结合。首先是有关内容的植入。"基础"课道德建设融入医学生个人道德和职业道德的特别内容，大学适应融合心理健康内容，人生价值融入生死观教育内容，法律基础教育融合卫生法的适当内容；"原理"课融入自然辩证法内容；"纲要"课适当融入中国近现代医学发展史和医学教育史；"概论"课文化建设融入传统文化、传统中医文化传承的内容，社会建设融入和谐医患关系内容，经济发展融入医学科技发展成就，依靠力量中突出医学界知识分子的贡献。其次在教育教学的辅助资料中有意识倾向于与医学、医学教育、与医学生有关的内容采集，并在教育教学实践中加以应用。

（2）问题式呈现内容

问题意识是思想政治学科发展和教育实践始终倡导的一种推动工作发展的思路和方法。在思想政治理论课课堂上，问题式呈现教育内容来自教育部2014年与2015年连续两年开展的思想政治理论课教学重点难点问题解答专项课题项目的启发。重点难点问题的合事实、合逻辑的解答与实际应用，确实解决了一些思想困惑问题和理论脱离实际问题，教学教育效果好。医学生思想政治教育内容建构后仍然存在不尽完善的问题，医学生也会存在理论困惑，因此要以问题为抓手，突出重点、突破难点，实现教育目的。首先要做好重点难点问题的筛选，通过学生调查、教师讨论、文献研究确定问题的范围；其次教师做好问题的解答，保证解答的正确政治方向、理论的自洽性；最后师生共同参与，在课堂上进行讨论、辩论共同解决问题。

7.1.2 选修内容选择与安排

建构的医学生思想政治教育内容，内容体量增大，内容要有明确的课程或渠道传播给学生，一部分内容以"点"的方式结合进入四门主渠道思政课当中，知识"面"的完整性要求应当以单独课程、课堂教学的形式完成教育任务，这些内容进入人文社会科学选修课的体系是一个现实可行的办法。

医学院校人文社会科学选修课体系包括文、史、哲、艺、政治学、经济学等多学科领域，把与医学生个人成长相关、医学人文教育相关、和谐医患关系相关内容以思想政治理论课序列（见表1）设置为人文社科选修课，把相近课程做删除处理，以保持课程体系规范性。这一序列选修课将针对不同的专业设置为限定性选修课和非限定性选修课。

表1 医学生思想政治教育选修课

医学生思想政治教育选修课	医学生个人成长相关	传统中医药文化
		心理健康教育
		医学心理学（病人心理、康复心理、药物心理）
	医学人文教育相关	中外医学史
		科学技术方法论
		生死观教育
		卫生法
		医学伦理前沿
	医患关系相关	医患关系与医患沟通技能
		医学与社会（社会因素与疾病、疾病与社会文化反应）
	思政基础性内容	马列原著选读、"筑梦"系列课程

7.1.3 实践教学设计与实施

思想政治理论课的实践教学是在"05"方案施行后逐步探索发展起来的，2012年教育部与多个部门联合下发了《关于进一步加强高校实践育人工作的若干意见》，对高校实践教学环节的学时比例、规范化组织开展等做了明确规定，其中强调"思想政治理论课所有课程都要加强实践环节"。2015年教育部出台了《高等学校思想政治理论课建设标准》，对思想政治理论课的实践教学作了细致安排："实践教学纳入教学计划，统筹思想政治理论课各门课的实践教学、落实学分（本科2学分，专科1学分）、教学内容、指导教师和专项经费。实践教学覆盖全体学生，建立相对稳定的校外实践教学基地。"实践教学是思想政治理论课实现理论联系实际、价值引导内化的有效途径，思想政治实践教学的目的在于情感体验，进而强化认知、内化信念。医学生思想政治实践教学同样要有自己的特色。

（1）根据思想政治理论课理论教学内容设计实践教学内容

实践教学虽然具有相对独立性，但最终是为理论教学服务，离不开理论教学内容的指导，实践教学是知行统一原则的体现。医学生思想政治实践教学内容包括一般性内容和特殊性内容。一般性内容是指校内政治理论宣传、拓展阅读等，校外的经济社会发展状况的体验，参观企业工厂、城市社区、乡村，地方红色教育资源的利用等；特殊性内容是指校内医德研究与讨论，医疗政策学习讨论，校外进入医疗单位体验生活、进入社区乡村开展防病宣传、提供力所能及的医疗服务。通过实践教学，医学生感受国家的发展和进步，体验中国特色社会主义理论的正确性，把理论上的价值引导付诸在实实在在的义务服务实践中。

（2）医学生思想政治实践教学的实施

实践教学确实发挥作用取决于实施情况。校内实践，思政课教师要认真负责，从策划、到实施过程再到总结各环节要精心筹划，教学活动既要紧紧围绕理论内容又要形式生动活泼，真正达到深化学生认识、知信统一、知行统一的目的。校外实践，要建立稳定的实践教学基地，落实实践教学专项经费，制订校外实践教学规划，做好教学策划。全部实践教学要以理论内容为依据，根据理论教学进度顺序开展，逐步形成常态化、制度化、规范化的实践教学体系。

7.2　重视日常思想政治教育的有效运行

日常思想政治教育是高校思想政治教育的又一个支柱，许多思想政治教育内容是通过日常思想政治教育渠道来实施的。医学生思想政治教育内容建构对日常思想政治教育的任务实现起到规范作用，只有规范日常思想政治教育内容及其落实，才能改变以管代教、以活动代替思想政治教育的现象。

7.2.1　明确教育工作内容

日常思想政治教育内容不明确、不规范是影响教育效果的主要原因，因此，要根据医学生思想政治教育建构内容制订日常思想政治教育内容纲要，使之成为日常思想政治教育工作有序开展的依据。

（1）医学生思想政治教育基础性内容是日常思想政治教育的指导思想、理论工具和渗透性内容

医学生日常管理坚持马克思主义理论为指导，运用马列主义、毛泽东思想和中国特色社会主义理论对学生开展经常性的思想政治教育。医学生日常思想政治教育教师本身要牢牢把握这些指导思想和理论工具，把基础性内容渗透在谈心谈话、党团活动、校园文化建设之中。明确医学生日常思想政治教育任务。国家明确把心理健康教育归类为日常思想政治教育，以此类推，医学生思想政治教育内容建构后，医学生个人成长需要的、医学人文教育相关的、和谐医患关系构建相关的内容也是日常思想政治教育的任务。这些内容既各司其职又相互联系，为培养医学生的医德、医学精神服务。

（2）规范制度保证

医学生日常思想政治教育制度应当包括以下内容：领导制度，医学院校党委统一领导，宣传、学工、团委、二级学院发挥部门积极性，共同推动日常思想政治教育内容的落实。责任制度，从医学院校党委书记、副书记到各责任部门负责人、二级学院书记、副书记、辅导员层层落实责任，各司其职。联动制度，医学生日常思想政治教育是一个复杂的系统工程，覆盖全体学生，参与教育的人员多，涉及的部门多。为保持教育的一致性，各部门、全体教育者思想和行动要保持一致，校院两级活动协调有序，承担的教育内容相对分工。监督评价制度，医学生日常思想政治教育内容重在落实，分别制订辅导员、院系主管领导、学工部门责任人落实日常思想政治教育内容评价规范，采用定性与定量相结合的管理办法。

7.2.2　提高师资整体水平

从事日常思想政治教育的工作者一般包括辅导员、学工人员、二级学院书记、副书记、团委书记、学生处处长、宣传部部长等，这支庞大的工作队伍构成复杂，知识背景差异较大。在医学院校，这些人员中专业出身的占大多数，少数为马克思主义理论"科班"出身。这就决定了很多工作人员管理概念中缺乏对学生进行思想政治教育的自觉性，这是日常思想政治教育"以管代教"的主观原因。因此，在医学生思想政治教育内容体系化建构并有了明确的思想政治教育内容后，人的因素成为能否准确进行日常思想政治教育的关键。

（1）培养教师的思想政治教育工作意识与理念

承担医学生日常思想政治教育任务的工作人员还兼有管理职责，但主要的是进行思想政治教育。首先要对每一个相关部门和人员的责任划清，分工不分家，相互支持，共同把日常思想政治教育工作落到实处；其次，分门别类进行思想政治教育工作专项培训，认识日常思想政治教育的主阵地重要地位，认清自己肩负的责任，理解设置每个角色在思想政治教育环节中的作用，牢固树立思想政治教育意识；再次，进行日常思想政治教育方法和艺术的培训，把握灌输与引导、解决思想问题与解决实际问题、先进性要求与普遍性要求的关系，学习谈心、表扬、批评的语言艺术等。

（2）培养教师一定的思想政治理论水平

日常思想政治教育说到底也是要传递正确的理论思想，教育者只有把握好教育内容，才能做好思想政治教育工作。首先是基础理论学习，包括马克思主义基本理论、中国特色社会主义理论，做好知识储备；其次是形势政策学习，日常思想政治教育与现实联系最为紧密，在信息获取迅捷的时代，受教育者可能比教育者接受的新信息更快，教育者要学习并要深入学习方可具备教育能力；再次是心理知识的学习，日常思想政治工作经常性表现为针对个体的教育，教师需要掌握一定的心理学知识，用于指导谈心谈话工作。

7.2.3　培育理论教育社团

日常思想政治教育还应包括在教师指导下的学生自我教育，这是日常思想政治教育相较于思想政治理论课的优势之一。自我教育是最有效的教育，教育者主动性充分发挥，教育的效果也是被教育者追求的目标。日常思想政治教育中学生自我教育指的是学生理论社团组织的自我教育。

（1）指导学生理论社团的建立

学生社团是校园中常见的学生自发组织，其中不乏理论社团，为保证理论社团的方向性、真正理论性，理论社团的建立要有指导教师参与。理论社团的组成要有标准，这与其他不设门槛随便加入的社团有根本区别；理论社团应有明确的理论学习宗旨，这是理论社团设立的意义所在；理论社团以培养学生理论骨干为目标，应集合有理论追求的先进分子。学生理论社团的建立顺应思想政治教育和国家发展形势，紧跟时代步伐，如在团中央提出高校实施"青年马克思主义者培养"工程以来，各地各校各具特色的学生理论社团纷纷建立。

（2）指导学生理论社团活动

学生理论社团兼有理论学习和实践活动的双重特色，一般开展活动方式是以指导教师指导、学生自学为主。理论学习的内容要由指导教师把握。医学生理论社团应学习的理论包括三方面内容：一是比较深入系统的马克思主义理论学习，立足医学生理论水平，由浅入深循序渐进；二是深入学习习近平新时代中国特色社会主义思想，这是党和国家的根本指导思想和行动指南，必须深刻领会其精神实质，全面掌握内容；三是中国传统文化优秀经典，从中汲取个人道德修养、医德建设的资源。

7.3　推进"课程思政"基本精神的落实

在全国高校思想政治工作会议上，习近平总书记指出："其他各门课都要守好一段渠、种好责任田，使各类课程与思想政治理论课同向同行，形成协同效应。"对于如何在各类课程中进行思想政治教育，上海市首创了"课程思政"的方法，教育部为此召开现场推进会，多地学习经验进行推广。

7.3.1　开发非政治理论课教师教育资源

"课程思政"教育所依赖的师资力量是非思想政治理论课教师，这部分力量是思政课教师的几倍、十几倍，一旦动员起来与思想政治理论课教师协同配合，将形成强大的思想政治教育合力。

（1）非思想政治理论课教师教育资源开发的必要性

长期以来，非思想政治理论课教师的思想育人责任淡化，课程中育人环节缺失，甚至有些教师在教学过程中消解思想政治理论教育的效果，在医学教育中的具体表现为：一是一些教师本身思想政治水平有限，思想政治教育意识模糊；二是一部分教师传递给学生思想政治理论课没有专业课重要的观念，师生都过度关注专业课的学习；三是个别教师以个人得失评价社会现象，传递负能量。这些问题虽然并不普遍，但破坏性很强，因此，非思想政治理论课教师教育资源的开发十分紧迫，转变观念是首要任务，使教师认识到"课程思政"不会破坏原有的知识结构和课堂节奏，反而会有助于提升课程的情感性、艺术性，这也符合医学人本性。其中医学专业课"双师型"教师是开发的重点对象。

（2）非思想政治理论课教师教育资源开发的途径

非思想政治理论课教师教育资源开发要从思想政治教育责任意识培养开始。教育不仅是传授知识，更重要的是育人，即思想品德、素质的培养。转变教师唯专业课教育是从的思维方式。作为中国特色社会主义大学的教师时刻牢记"为谁培养人、培养什么样的人、怎样培养人"的根本问题，自觉把为中国特色社会主义培养合格的建设者和接班人的任务承担起来。改变部分教师推卸育人责任的思维定式，即认为思想政治教育是以思想政治理论教师和学工人员为中坚力量，他们是主要责任者。育人是一个全面系统的工程，非思想政治理论课教师要树立协同意识，与思想政治理论课教师统一指导思想，统一育人节奏，统一教育内容性质。

7.3.2　推进教师整体政治素质培养与提升

"课程思政"的落实，教育者是关键因素，教育者首先要受教育，把思想政治教育的理念植入教师思想深处，提升教师本身的思想政治素质。

（1）教师政治理论学习常态化

不断提升非思想政治理论课教师理论水平是保证"课程思政"持续开展，保障"课程思政"开课质量的根本。政治理论学习也包括对思想政治教育规律、方法的掌握。教师的政治理论学习要制度化、常态化，多渠道强化教师的政治理论学习，把党组织的理论学习与教师政治理论学习相结合，教师政治理论学习纳入教师继续教育、校本培训计划，教师政治理论学习情况纳入评优、晋级标准中。通过种种制度建设，促进教师经常学习、主动学习，学习有计划、有目标，学出成效、学出水平。同样，专业"双师型"教师是理论培训的重点对象。

（2）教师师德建设的强化

非思想政治理论课教师的师德包括教师的思想政治素质、道德品质。通过理论学习使教师掌握了进行思想政治教育的工具，把学习内容内化为自己的信念才是真正的素质形成。医学基础课、专业课教师与学生接触时间长，影响的机会多，影响的可能性也大。所谓"亲其师、信其道"，教师的思想道德修养良好，潜移默化影响学生，学生由对老师的尊敬爱戴转为对老师传递的思想政治教育内容的信服。反之，教师会失去学生的信任和尊敬，教师即使教的是真理，学生也会当作虚伪之词回避掉，更坏的结果是学生效仿老师的两面派作风。师德建设要常抓不懈，强调对学生负责、对党和人民教育负责，自觉加强思想道德修养。此外，非思想政治理论课教师一般来自专业背景，大多没有经历过师范类教育，应要求其学习教育学，把握教育规律，更好地将思想政治教育融入课程、课堂教学中来。

7.3.3　设计教书育人优质课程的教学环节

"课程思政"的落实平台是课堂，能否顺利实施并取得实效，取决于教学环节的设计。教学环节的设计需要把握教学内容，要根据医学基础课和医学专业课等具体每门课程的特点，选择适合的思想政治教育内容，实现思政教育的自然接入。

（1）课程内容特点及自资源

非思想政治理论课实际上自身也都含有思想品德教育的因素，这些因素不被刻意发掘便不会发挥作用。医学是科学又是人学，医学的每一次前进都离不开"人"，即使是在技术主义光环之下，人也是医学最重要的因素。在各门课程中都有医学史发展的背景，都有在医学领域做出巨大贡献的人物，他们大多具有优秀的思想品德，是学生应当景仰的楷模；许多课程都会涉及到生命健康和死亡问题，极易开发生死观教育的内容，引起学生对生命价值和死亡意义的思考；自然属性的医学研究是非常严密、精细的，讲究一丝不苟的科学精神，这正是植入责任心的良好契合点；医疗制度与改革会涉及国家的政策、民生等问题，可进行中国特色社会主义理论教育、国家民族自豪感教育等等。总之，医学课程本身拥有待开发的庞大思想政治教育资源库。

（2）梳理适合融合的思政教育内容

构建的医学生思想政治教育内容应当是全面丰富的。"课程思政"并不是要求每门课程体现全部教育内容，要根据每门课程实际情况找准内容，找准结合点。道德教育是最方便融合的内容，包括个人品德和职业道德，道德教育要贯穿所有课程，这也是医学院校思想政治教育内容最突出的特点。临床医学课程要注重与医患关系相关内容的融合。临床医学课程教师多来自临床一线，对医患关系具有最直接的经验，既要描述临床实践中医患关系的客观情况，还要从医护人员群体自身反省，传播给学生的是如何从自身做起改善医患关系，维护良好的医患关系。医学科研类课程要有意识地结合马克思主义科学方法论，渗透马克思主义哲学的基本原理。思想政治教育基础理论的内容融入还需更深入地解析与设计，如近现代史、中国特色社会主义理论及其最新理论成果习近平新时代中国特色社会主义思想。这是"课程思政"面临的重要课题，是"课程思政"的意义所在。

当然还有具体的课堂上如何自然引向思想政治教育的技术问题，思想政治教育所占时间的问题，教育效果升华的问题等，有待教师不断探索。"课程思政"使高校思想政治教育形成了完整的教育链，与思想政治理论课、思想政治选修课、日常思想政治教育共同构成了立体教育网络，真正实现了全员育人、全方位育人、全过程育人。

7.4　扩大医学生思想政治教育内容建构的场域

医学生思想政治教育内容建构除了通过课程渠道、日常思想政治教育的规定环节落实完成，还要在其他相关领域实践，其中社会实践与校园文化从广义上讲属于日常思想政治教育的外延，但因二者涉及学生的全覆盖性、多部门的协调性、思想政治教育内容的全面性，有必要作专门说明。心理咨询服务的思想政治教育功能已充分显现，是思想政治教育整体不可或缺的一部分。

7.4.1 心理咨询服务

医学院校心理咨询机构既是依从国家统一要求，也是从实际出发满足医学生需要而设置的，心理咨询解决心理问题扫清思想政治教育的障碍，在学生思想政治工作教育中发挥着越来越重要的作用。

（1）规范心理咨询机构的建设

配备基本设施，心理咨询机构要有专门的办公用房及若干心理咨询室和心理宣泄室，配备常用心理测量仪器和心理测评软件；支持专项资金，以学生人数为基础，按比例拨款，专款专用，用于软硬件改造更新、咨询师培训费、咨询费；培养心理咨询师队伍，配备专人负责，鼓励学工、思想政治理论课教师考取心理咨询师资格证书，充实咨询师队伍；确定心理咨询机构的任务，负责医学生心理健康状况筛查、定期跟踪监测、一般心理问题咨询、心理突发事件的应急处理等。

（2）规范心理咨询服务行为

心理咨询机构尽管要负责学生心理健康状况筛查、处理心理危机事件，但日常最主要的工作还是为学生提供咨询服务，建立心理咨询制度，鼓励学生使用心理咨询资源，切实发挥心理咨询服务的功能。在咨询工作中最重要的是把握心理咨询价值中立与思想政治教育价值引导的关系。心理咨询要求的是理解与共情，帮助来访者改变认知，自觉改变价值取向，思想政治教育要求的是直接的应然性价值观教育，受教育者要接受教育者提供的价值取向，在思想政治教育实际工作中价值引导也要考虑学生心理的可接受性。在心理咨询工作中思想政治教育工作人员要做好角色转换，在思维方式和话语体系上转向心理咨询的要求，正确处理好二者关系。此外，还要认真履行保密原则、积极关注原则、被动原则等，如心理咨询案例不能用于课堂授课举例，咨询师要摒弃个人好恶，尽心帮助每一位来访学生，鼓励学生咨询但不主动寻找咨询目标。

7.4.2　社会实践活动

社会实践活动指的是思想政治理论课实践教学之外的实践教育活动，实践范围、实践主题、实践覆盖面都要超越实践教学。《中共中央国务院关于进一步加强和改进大学生思想政治教育的意见》对社会实践作了具体的指导，"积极组织大学生参加社会调查、生产劳动、志愿服务、公益活动、科技发明和勤工助学等社会实践活动"。

（1）社会实践活动的思想政治教育主题鲜明

社会实践不是为了实践而实践，是"使大学生在社会实践活动中受教育、长才干、做贡献，增强社会责任感"。要从医学生思想政治教育内容体系中确定合适的教育主题，开展相匹配的社会实践活动。尤其要注重开展以核心价值观为指导思想的社会调查和志愿服务。社会调查和志愿服务活动联系思想政治理论教育内容最为全面。经济社会发展成就调查是中国特色社会主义理论的印证；社会问题的调查能够帮助学生正确认识改革中的问题、思考如何用发展的办法解决问题，激发学生的家国责任感；历史调查能够使学生深入理解和把握历史理论和历史结论，直观感受历史事件和历史人物；医学生还应做与医学、医疗有关的社会调查，如地方病问题、防病控病体系、医疗改革落实情况、医患关系，感知医学的社会性，自觉思考医疗制度建设、医患关系正常化等问题。志愿服务是思想政治教育的直接行为实践，主要有结合专业服务、为弱势群体服务、一般性社会服务等，是对医学生思想道德水平的检验。

（2）社会实践活动的体系化建设

2012年，《教育部等部门关于进一步加强高校实践育人工作的若干意见》中提出"加强实践育人工作总体规划"，这就要求社会实践要有稳定的制度推进。首先，以建构的医学生思想政治教育内容体系为主线，与思想政治理论课实践教学相协调，制订医学生社会实践活动规划；其次，多部门分工协作，各自确定活动主题和方式，避免重复；再次，创建社会实践品牌活动并持续开展，保持相对稳定性。这三方面是完善社会实践教育，形成制度化的重要环节。同时还要加强社会实践指导教师队伍建设，建立稳定的社会实践基地，提供资金保障等。总之，要形成现实可行、内容全面、多方协同的社会实践体系，使社会实践活动落到实处，使学生受益，真正实现教育目的。

7.4.3　校园文化建设

"校园文化是以学生为主体，以课外文化活动为主要内容，以校园为主要空间，以校园精神为主要特征的一种群体文化。校园文化既是涵养社会主义核心价值观的重要载体，又是滋养大学生美好心灵的重要土壤。"[1]每个高校校园文化建设都有自己的特色，医学院校校园文化建设离不开医学、医学教育背景，但最终落脚点都在育人的大局观，为"培养什么样的人"服务。

---

[1]　沈壮海, 王培刚, 段立国, 等. 中国大学生思想政治教育发展报告2015[M]. 北京: 北京师范大学出版集团, 2016:390.

（1）校园文化建设以思想政治教育内容为基础

校园文化是思想政治教育的微观环境要素之一，主要任务是营造思想政治育人氛围。环境育人功能胜在潜移默化，这种潜移默化作用的正确发挥与否取决于教育环境是依据什么样的内容、指导思想营造的。社会主义医学院校的校园文化坚持以马克思主义为指导思想，以思想政治教育内容为依据。校园景观建设、绿化工程要蕴含思想道德因素，校训、校风、教风、学风的提炼也要有思想政治教育倾向，传统文化的创造性传承也要把握思想政治教育原则。校园文化是要陶冶人的，其影响显效慢但扎实长久，必须坚持校园文化建设的思想政治教育性质，为社会主义培养人才。

（2）校园文化活动以思想政治教育内容为主题

除了固态的建筑、景观、校风等，校园文化建设更多表现为丰富多彩的校园文化活动，这些活动能够丰富师生的业余文化生活，主要功能在于育人，校园文化活动要有思想政治教育意义的彰显。校园理论宣传和理论活动是自带思想政治教育功能的，重点是防范社会错误思潮对校园文化的冲击，理论宣传的反击能力来自对思想政治教育规律和内容的把握。校园文学艺术、传统文化、专业竞赛类活动要以思想政治教育为宗旨，校园文化是为医学生积极健康成长服务的。文学艺术活动不是个人情感情绪的盲目宣泄，而是素质的涵养；传统文化活动不是复古，而是汲取有益的知识与道德教育资源；专业竞赛不仅仅是展示专业水平，是为了促进学生端正学习态度，鼓励其刻苦学习。校园体育活动首先是身体健康教育，身体健康才能为国家社会多做贡献，体育竞赛是要培养学生竞争意识、团队意识和集体荣誉感。校园文化活动育人功能的发挥在于设计者的思想政治教育理念。

7.5　建立医学生思想政治教育内容建构的保障机制

保障机制是为人类实践活动提供物质和精神条件的机制。医学生思想政治教育内容建构与顺利实施，需要学校内部领导体制、队伍建设、资金支持的保障和学校外部多主体协作保障。

7.5.1　协调内容建构的领导保障机制

立德树人是医学院校的中心工作，思想政治教育是落实立德树人中心工作的主要途径，思想政治教育内容建设关系到立德树人工作的实现。医学生思想政治教育内容建构要得到医学院校党委的高度重视，在党委领导下，由医学教育研究中心（教学督导评价中心）会同教务处具体负责，就课程设置进行总体设计和安排，宣传、学工、团委、马克思主义学院协同推进。其中，马克思主义学院负责，组织宣传、学工、团委协助进行医学生思想政治教育内容建构并提出具体课程建议，宣传、学工、团委组织各二级学院学生工作负责人、辅导员学习与培训，医学教育研究中心组织专业教师进行"课程思政"的学习与培训。要把思想政治教育内容建构纳入立德树人中心工作中，各司其职、各负其责，保障工作落实到位，内容建构有实效。

7.5.2　支持内容建构的队伍保障机制

医学生思想政治教育内容建构的队伍保障要立足思想政治理论课教师队伍，培养选修课教师，培训全体学工人员及其他教师。

思想政治理论课是思想政治教育主渠道，思想政治理论课教师就是思想政治教育的主力军，医学生内容建构首先要依靠思想政治理论课教师，思想政治理论课教师要主动学习医学、医学人文类相关知识，将相关知识自觉融入思想政治理论课教学内容，形成有针对性的价值引导。相关的思想政治教育选修课授课教师在思想政治理论课教师和能够胜任的教师中选拔，逐渐形成稳定的队伍。学工人员、辅导员要经常进行思想政治教育内容的学习，提高自己的理论水平，将思想政治教育内容落到实处。其他教师学习了解医学生思想政治教育内容，要根据课程具体情况进行有效结合。思想政治教育的全程、全员、全方位要求决定了医学生思想政治教育内容的建构与实施涉及全体教师，要建立分类培训、全体培训的制度与计划，有序推进。

7.5.3　鼓励内容建构的财力保障机制

根据教育部的统一要求，高校思想政治理论课应作为重点课程建设，重点课程的师资培养、教学研究、教学活动等要优先支持，学校资金支持是重要条件。医学生思想政治教育内容建构不是一次性完成的任务，是一个不断发展完善的过程，要有充足的经费支持，鼓励教师谋划长远，坚持探索，根据时代发展构建教育内容。设置专项科研经费，支持思想政治理论课教师对内容建构的理论研究与实践，深入调查研究，不断探索，不断修正内容体系；提高课时费用，鼓励承担思想政治教育选修课和开展"课程思政"的教师积极进行价值引导，落实思想政治教育任务；设置相应劳务费用，鼓励心理咨询教师积极投入工作，鼓励谈心谈话等工作的开展。承担育人责任的高校教师本身具有奉献精神，但物质补偿是一种对工作成绩的肯定，能起到激励作用，调动老师的工作热情，并且教师得到应有的报酬符合社会主义按劳分配的原则。教师的科学研究、教学研究的开展更加需要财力支持。因此，资金支持体系是医学生思想政治教育内容建构与实施的重要保障机制。

7.5.4　推动内容建构的协作保障机制

医学生思想政治教育内容建构应当是医学行业类院校共同面对的问题，医学生的培养涉及用人单位的利益，与医学继续教育相关。因此，医学生思想政治教育内容的建构涉及外部多利益方，包括行业类院校间的协作、校企合作和校城融合。

（1）校际协作

医学院校之间通过学术研讨会、教学工作经验交流会、校际互访等形式，协同开展医学生思想政治教育内容建构工作。校际同行间交换意见，在内容存在的问题、内容总体结构方面取得基本共识，根据各校实际进行符合自己情况的内容具体建构，相互学习取长补短。建立常态化联系协作的长效机制，逐渐构建地区性，直至全国性医学行业类院校思想政治教育内容基础框架。

（2）校企合作与校城融合

本着医学教育服务地方经济发展的理念，根据思想政治教育效果受社会环境制约的认识，深入调查企业和社会对人才素质的需求，为企业和社会提供有效的教育服务。思想政治教育走出去，根据企业需要，帮助提升企业员工素质，助力企业文化建设；医学继续教育注重思想政治教育，提升继续教育学员的思想政治素质，满足社会需求。企业、社会支持医学生思想政治教育内容的研究，配合调研，提供横向经费等。

本章小结：医学生思想政治教育内容的静态建构的意义在于为思想政治教育实践提供教育工具，思想政治教育实践是实现医学生思想政治教育内容建构的动态环节。思想政治理论课、日常思想政治教育、"课程思政"、心理咨询、学生社会实践、校园文化建设构成医学院校全方位思想政治教育网，每一个环节与渠道都需要有思想政治教育内容的支持，也都是教育内容实践的途径。每一途径在落实思想政治教育内容时都有侧重解决的问题。教育实践又促进了医学生思想政治教育内容体系的完善。全方位思想政治教育环节的协调运行，医学生思想政治教育内容的顺利实施与不断发展完善还需要校内外四个方面条件保障。

结　语

　　思想政治教育理论研究成果是非常丰富的，本质、教育主体、教育环境、网络思想政治教育、教育方法等理论积淀非常丰厚，有的研究领域拓展得很深，如教育主体间的关系问题已经有不少学说产生比较大的影响。相较而言，思想政治教育内容研究略显薄弱，而且大多数研究停留在内容的宏观框架下，讨论内容的结构优化与创新，但从实际教育需要来看，内容与现实脱节、缺乏针对性可能是影响思想政治教育效果的根本原因。中国特色社会主义进入新时代，要建成社会主义现代化强国，要实现中华民族伟大复兴的中国梦，实现这些目标，人是最关键因素。只有政治合格、立场坚定的社会主义接班人和建设者才能担起时代赋予的国家、民族重任。思想政治教育承担着主要的育人责任，如何切实担起这个责任，国家的鼓励、学界的拥趸、科学教育的策略层出不穷，我们一直在寻找更有效的教育方法，使思想政治教育的内容入脑入心，学生终身受益。但笔者以为，形式要为内容服务，好的内容是思想政治教育成功的一半，思想政治教育宏观内容是正确的、必需的、稳定的，我们需要研究的内容是在把宏观内容落实到教育实践时呈现的具体内容及其组合，医学生思想政治教育内容建构就是在这一理论原则下，思考教育实践中的问题而产生的研究愿望，尽管角度很小，考虑的可能还不够周全，但希冀能得到同道中人的注意，共同关注内容构建，在思想政治理论教育内容的研究中不断创造新的理论增长点。

参考文献

1. 著作

[1] 恩格斯. 路德维希·费尔巴哈和德国古典哲学的终结[M]//马克思, 恩格斯. 马克思恩格斯文集: 第4卷. 北京: 人民出版社, 2009: 261-313.

[2] 列宁. "什么是人民之友"以及他们如何攻击社会民主主义者? [M]//列宁. 列宁选集: 第1卷. 北京: 人民出版社, 1998: 1-87.

[3] 列宁. 怎么办? [M]//列宁. 列宁选集: 第1卷. 北京: 人民出版社, 1998: 290-458.

[4] 毛泽东. 为人民服务 纪念白求恩 愚公移山[M]. 北京: 人民出版社, 2004.

[5] 习近平. 习近平谈治国理政[M]. 北京: 外文出版社, 2014.

[6] 习近平. 习近平谈治国理政(第二卷)[M]. 北京: 外文出版社, 2017.

[7] 中共中央宣传部. 习近平总书记系列重要讲话读本[M]. 北京: 学习出版社, 人民出版社, 2014.

[8] 中国共产党第十九次全国代表大会文件汇编[M]. 北京: 人民出版社, 2017.

[9] 教育部思想政治工作司. 加强和改进大学生思想政治教育重要文献选编(1978-2014)[M]. 北京: 知识产权出版社, 2015.

[10] 陈秉公. 思想政治教育学原理[M]. 北京: 高等教育出版社, 2006.

[11] 张耀灿, 郑永廷等. 现代思想政治教育学[M]. 北京: 人民出版社, 2006.

[12] 张澍军. 思想政治教育理论前沿论略[M]. 北京: 人民出版社, 2015.

[13] 陈万柏, 张耀灿. 思想政治教育学原理[M]. 北京: 高等教育出版社, 2007.

[14] 孙其昂. 思想政治教育学基本原理[M], 南京: 河海大学出版社, 2004.

[15] 罗洪铁. 思想政治教育学原理[M]. 重庆: 西南大学出版社, 2009.

[16] 郑永廷主编. 思想政治教育学原理[M]. 北京: 高等教育出版社, 2016.

[17] 靳玉军, 周琪. 思想政治教育学原理[M]. 重庆: 西南大学出版社, 2015.

[18] 杨绍安等. 现代思想政治教育学原理[M]. 成都: 西南交通大学出版社, 2013.

[19] 郝文清. 现代思想政治教育学[M]. 合肥: 合肥工业大学出版社, 2008.

[20] 孙其昂. 思想政治教育现代转型研究[M]. 北京: 学习出版社, 2015.

[21] 郑永廷主编. 思想政治教育方法论[M]. 北京: 高等教育出版社, 2010.

[22] 娄淑华, 杨勇. 现代思想政治教育方法论[M]. 吉林: 吉林人民出版社, 2013.

[23] 熊建生. 思想政治教育内容结构论[M]. 北京: 中国社会科学出版社, 2012.

[24] 骆郁廷. 高校思想政治理论课程论[M]. 武汉: 武汉大学出版社, 2006.

[25] 宇文利. 现代思想政治教育课程论[M]. 北京: 北京大学出版社, 2012.

[26] 邱柏生. 高校思想政治教育的生态分析[M]. 上海: 上海人民出版社, 2009.

[27] 王学俭. 现代思想政治教育前沿问题研究[M]. 北京: 人民出版社, 2008.

[28] 倪愫襄. 思想政治教育与问题研究[M]. 北京: 中国社会科学出版社, 2014.

[29] 王树荫. 中国共产党思想政治教育史（第二版）[M]. 北京: 中国人民大学出版社, 2016.

[30] 武东生等. 中国古代思想政治教育史[M]. 天津: 南开大学出版社, 2013.

[31] 张世欣. 中国古代思想道德教育史[M]. 杭州: 浙江大学出版社 2010.

[32] 思想政治教育学科设立30周年高校思想政治教育创新发展研究[M]. 北京: 中国书籍出版社, 2015.

[33] 沈壮海等. 中国大学生思想政治教育发展报告2015[M]. 北京: 北京师范大学出版社, 2016.

[34] 孙雁. 高校思想政治教育内容新论[M]. 长春: 吉林大学出版社, 2009.

[35] 周湘莲. 中国共产党思想政治教育内容体系的发展与构建[M]. 长沙: 中南大学出版社, 2016.

[36] 季海菊. 新媒体时代高校思想政治教育的解构与重塑[M]. 南京: 东南大学出版社, 2014.

[37] 冯俊, 龚群. 东西方公民道德研究[M]. 北京: 中国人民大学出版社, 2011.

[38] 高土. 英国公民教育[M]. 黄嘉德, 译. 王云五, 韦悫主编. 商务印书馆, 1937.

[39] 可索克. 德国公民教育[M]. 金澍荣, 黄觉民, 译. 王云五, 韦悫主编. 商务印书馆, 1937.

[40] 纪文勋. 现代中国的思想冲突——民主主义与权威主义[M]. 山西: 山西人民出版社, 1989.

[41] 赵康太, 李英华. 中国传统思想政治教育理论史[M]. 武汉: 华中师范大学出版社, 2006.

[42] 程浩, 崔福海, 孙宁. 中国高校思想政治教育史论[M]. 北京: 社会科学文献出版社, 2016.

[43] 汤海艳. 成人之道——中国传统礼仪及其道德教育功能研究[M]. 南京: 南京大学出版社, 2015.

[44] 朱熹. 四书章句集注[M]. 北京: 中华书局, 2012.

[45] 徐锋. 新中国大学生思想政治教育研究[M]. 北京: 人民出版社, 2013.

[46]［美］S. E. Taylor, L. A. Peplau, D. O. Sears. 社会心理学（第十版）[M]. 谢晓非, 谢冬梅, 郭铁元, 译. 北京: 北京大学出版社, 2004.

[47] 许宝强, 袁伟选编. 语言与翻译的政治[M]. 北京: 中央编译出版社, 2000.

[48] 王振国. 中国古代医学教育与考试制度研究[M]. 济南: 齐鲁书社, 2006.

[49] 宋耀新, 杨洋. 近现代中西医教育史研究[M]. 北京: 中国中医药出版社, 2013.

[50] 朱潮主编. 中外医学教育史[M]. 上海: 上海医科大学出版社, 1988.

[51] 张大庆, 陈琦. 中国医学人文教育——历史、现状与前景[M]. 北京: 北京大学医学出版社, 2006.

[52] 张存悌. 品读名医[M]. 北京: 人民卫生出版社, 2006.

[53] 慕景强. 西医往事——民国西医教育的本土化之路[M]. 北京: 中国协和医科大学出版社, 2010.

[54] 慕景强. 民国西医高等教育(1912—1949)[M]. 杭州: 浙江工商大学出版社, 2012.

[55] 夏媛媛. 民国初期西医教育的建构研究(1912—1937)[M]. 北京: 科学出版社, 2014.

[56] 徐江雁主编. 中国医学史(第二版)[M]. 上海: 上海科学技术出版社, 2017.

[57] 王一方. 医学人文十五讲[M]. 北京: 北京大学出版社, 2006.

[58] 罗先明. 大医精诚——孙思邈传[M]. 北京: 作家出版社, 2015.

2. 期刊论文

[1] 李忠军. "铸魂育人"是思想政治教育本质核心内涵的探讨[J]. 思想政治教育导刊, 2015(10): 104-108.

[2] 蔡胜. 医学院校思想政治教育与医学人文教育相结合研究[J]. 辽宁医学院学报, 2013, 11(4): 109-111.

[3] 李奎刚, 王晨艳. 医学生思想政治教育视阈下医学人文教育的探究[J]. 卫生职业教育, 2017, 35(20): 24-25.

[4] 张丽红等. 医学生生死观教育研究[J]. 教育与职业, 2014(21): 71-72.

[5] 程方荣, 崔红新, 医学人性与医学人文教育[J]. 许昌学院学报, 2014, 33（4）: 150-152.

[6] 杜建芳. 医学人文教育与思想政治教育研究[J]. 医学教育, 2015, 24（4）: 67-69.

[7] 佘双好. 心理健康教育何以成为思想政治教育的研究领域[J]. 马克思主义研究, 2007（3）: 98-94.

[8] 燕娟. 美国医学人文教育模式对我国的启示[J]. 中国医学伦理学, 2017, 30（6）: 689-693.

[9] 胡继春, 杜志章. 论医学人文学学科建设的必要性[J]. 医学与社会, 2002, 15（5）: 11-14.

[10] 殷小平等. 国外医学人文教育课程计划的特点及启示[J]. 中国医学伦理学, 2002, 15（6）: 25-27.

[11] 李秀宁等. 国内外医学人文教育课程设置比较研究[J]. 中国医药科学, 2015, 5（17）: 68-70.

[12] 熊建生. 大学生思想政治教育内容体系的科学构建[J]. 思想理论教育导刊, 2006（2）: 29-33.

[13] 熊建生. 论思想政治教育内容形态的层次结构[J]. 思想理论教育导刊, 2006（9）: 58-62.

[14] 熊建生. 思想政治教育内容结构体系论纲[J]. 学校党建与思想教育, 2007（1）: 6-11.

[15] 熊建生. 思想政治教育内容结构研究导论[J]. 思想理论教育, 2007（7）: 73-79.

[16] 熊建生. 论思想政治教育内容建构的依据[J]. 学校党建与思想教育, 2009（3）: 6-10.

[17] 熊建生. 构建"三个面向"的思想政治教育内容体系[J]. 思想政治教育研究, 2013（12）: 16-19.

[18] 熊建生. 思想政治教育内容研究的价值指向[J]. 思想政治教育研究, 2015（2）: 54-59.

[19] 熊建生. 思想政治教育内容的逻辑建构[J]. 思想理论教育, 2014（2）: 16-21.

[20] 崔健, 改革开放以来大学生思想政治教育内容的历史发展[J]. 北京教育学院学报, 2010, 24（1）: 31-37.

[21] 徐志远, 龙宇. 思想政治教育内容: 现代思想政治教育学的重要范畴[J]. 探索, 2010（4）: 123-127.

[22] 石沁禾. 略论高校思想政治教育内容体系的创新[J]. 盐城师范学院学报（人文社会科学版）, 2011, 31（4）: 119-121.

[23] 陈洁, 高国希. 大学生思想政治教育内容体系研究[J]. 思想理论教育导刊, 2011（10）: 86-89.

[24] 韦诗业. 思想政治教育内容建构的实践审视[J]. 探索, 2012（1）: 132-135.

[25] 郑敬斌, 王立仁. 论思想政治教育内容体系的系统构建[J]. 东北师范大学学报, 2012（2）: 14-17.

[26] 黄小华. 思想政治教育"内容"理论形成阶段轨迹研究[J]. 探索, 2012（4）: 136-141.

[27] 高地. 基于社会主义核心价值体系的思想政治教育内容统整[J]. 思想教育研究, 2012（8）: 45-49.

[28] 李书吾. 大众文化发展与思想政治教育内容创新[J]. 思想教育研究, 2012（11）: 53-56.

[29] 郎晓东. 人的自由而全面发展——思想政治教育内容选择的终极坐标[J]. 长春教育学院学报, 2013, 29（2）: 35-36.

[30] 吴军安. 论"主体间性"视域下的高校思想政治教育内容之改革[J]. 湘潮, 2013（11）: 48-49.

[31] 林华, 傅琳莉. 新媒体时代大学思想政治教育内容的结构优化 [J]. 长江大学学报(社科版), 2014, 37(9): 125-127.

[32] 王立仁, 张小秋. 思想政治教育内容体系的整体建构[J]. 思想教育研究, 2014(3): 52-56.

[33] 刘俊利. 中新两国思想政治教育内容比较探微[J]. 思想政治教育研究, 2013(12): 344-345.

[34] 布超. 论高校思想政治教育内容有效性的三个维度[J]. 学校党建与思想教育, 2015(4): 73-74.

[35] 张桂芳. 对思想政治教育内容创新的思考[J]. 思想政治教育研究, 2015(7): 174-175.

[36] 常卫恒. 新疆大学生思想政治教育内容体系构建[J]. 西部教育, 2015(14): 30-31.

[37] 代玉启. 新时期思想政治教育内容与方法面临的挑战与发展要求[J]. 思想教育研究, 2015(12): 8-11.

[38] 洪伟. 新时期少数民族大学生思想政治教育内容研究[J]. 教育观察, 2016, 5(5): 15-16.

[39] 周湘莲. 思想政治教育内容整体实施探讨[J]. 湖南社会主义学院学报, 2016, 17(2): 75-77.

[40] 黄艳红, 何细平. 当代大学生生死观教育的基本内容探析[J]. 教育与职业, 2012(3): 56-57.

[41] 姜淑兰, 张丽红. 怎样理解推进国家治理体系和治理能力现代化问题[J]. 思想理论教育导刊, 2017: 89-93.

[42] 张平泉. 生态文明素养教育融入高校思政课的内容结构和表达方式[J]. 黑龙江教育学院学报, 2016, 35(10): 51-53.

[43] 足立智孝. 美国的医学人文教育: 历史与理论[J]. 医学与哲学, 2009(1).

[44] 王火利. 大学生日常思想政治教育调查分析（上）[J]. 思想教育研究, 2017（11）: 70-75.

[45] 宇文利. 论思想政治教育效度的测评[J]. 思想理论教育导刊, 2010（3）: 79-83.

[46] 王刚. 论马克思主义思想政治教育理论的中国化[J]. 理论月刊, 2007（10）: 15-18.

[47] 吕耀怀, 王思文. 论同意对人之尊严的尊重[J]. 道德与文明, 2017（6）: 31-40.

[48] 王浩斌. 马克思主义中国化外生性动力机制的概念诠释[J]. 攀登, 2009, 28（2）: 7-10.

[49] 陆洋. 人的社会化: 自我控制的社会生成和心理生成[J]. 西南民族大学学报, 2017（5）: 214-219.

[50] 周婷. 人文关怀: 思想政治教育社会认同的必要支撑[J]. 求实, 2008（10）: 74-75.

[51] 周晓虹. 认同理论: 社会学与心理学的分析路径[J]. 社会科学, 2008（4）: 46-54.

[52] 闫丁. 社会认同理论及研究现状[J]. 心理技术与应用, 2016（9）: 549-560.

[53] 崔宜明. 社会主义核心价值观与中华优秀传统文化的再认识[J]. 道德与文明, 2014（5）: 21-27.

[54] 张丽红, 李英. 医学生职业道德教育现状及医德心理培育的必要性[J]. 医学与哲学, 2010, 31（5）: 62-64.

[55] 郑娅. 从古代医家高尚医德看医学职业道德教育[J]. 中国高等医学教育, 2004（1）: 40-41.

[56] 赵丽. 古代优良医德在医学院校思想政治教育中的实效性[J]. 安阳工学院学报, 2017, 16（3）: 122-124.

[57] 张传恩. 古代中医医德规范及其思想政治教育功能探析[J]. 鸡西大学学报, 2014, 14（12）: 3-5.

[58] 刘兴来. 古代中医医德思想对现代医德教育的意义[J]. 生物技术世界, 2012（5）: 122-124.

[59] 李波. 论古代医德对现代医德教育的借鉴意义[J]. 科技资讯, 2006（11）: 188-189.

[60] 艾华. 论古代医德教育方法及其现代意义[J]. 中国医学伦理学, 2013, 26（4）: 460-461.

[61] 张逸美. 中国古代医德教育的现代启示[J]. 新西部, 2017（6）: 147-148.

[62] 李艳. 中国古代医德教育对现代医学生医德教育的启示[J]. 医学与哲学, 2007, 28（5）: 52-53.

[63] 李霞. 刍议医学生思政教育和人文素质教育融合途径[J]. 新西部, 2016（12）.

[64] 孙鹏. 从哈佛医学院看美国医学人文教育[J]. 中国高等医学教育, 2012（12）: 117-118.

3. 学位论文

[1] 王乾. 高等医学院校医学人文教育模式研究[D]. 南宁: 广西医科大学, 2011.

[2] 张一璠. 高校思想政治理论教育内容与组织形式研究[D]. 长春: 东北师范大学, 2017.

[3] 杨丽霞. 论心理健康教育对高校思想政治教育内容结构的优化[D]. 上海: 华东师范大学, 2005.

[4] 周宏. 思想政治教育内容与方法再研究[D]. 重庆: 西南政法大学, 2005.

[5] 王书侠. 改革开放三十年来大学生思想政治教育内容的历史考

察与思考[D]. 天津: 天津师范大学, 2009.

[6] 赵阳. 社会主义和谐社会视域下思想政治教育内容架构探微 [D]. 长春: 东北师范大学, 2010.

[7] 何明芳. 中美高校思想政治教育内容比较研究[D]. 大连: 东北 财经大学, 2010.

[8] 孙帅. 大学生思想政治教育内容的创新研究[D]. 青岛: 青岛大 学, 2011.

[9] 黄钰. 大一新生思想政治教育内容设计研究[D]. 重庆: 西南大 学, 2011.

[10] 田青锋. 改革开放以来大学生思想政治教育内容发展与创新研 究[D]. 兰州: 兰州大学, 2011.

[11] 封静. 高校思想政治教育内容体系研究[D]. 焦作: 河南理工大 学, 2011.

[12] 刘静. 免费师范生思想政治教育内容研究[D]. 长春: 东北师范 大学, 2011.

[13] 李莉. 社会转型期高校大学生思想政治教育内容创新研究[D]. 西安: 西安科技大学, 2011.

[14] 丁月朋. 思想政治教育内容的构建[D]. 长春: 东北师范大学, 2011.

[15] 柳松. 大学生思想政治教育内容体系的构建研究[D]. 济南: 山 东大学, 2012.

[16] 何海荣. 改革开放以来高校思想政治教育内容演进及其启示 [D]. 沈阳: 东北大学, 2012.

[17] 王蕊婷. 国际化人才培养模式下高校思想政治教育内容研究 [D]. 成都: 西南石油大学, 2012.

[18] 郑敬斌. 学校思想政治教育内容整体构建研究[D]. 长春: 东北

师范大学, 2012.

[19] 杨晓岑. 中美两国思想政治教育内容及实施路径比较研究[D]. 大连: 辽宁师范大学, 2012.

[20] 兰宏伟. 近十年大学生思想政治教育内容发展创新研究[D]. 长春: 东北师范大学, 2014.

[21] 周伟音. 三十年来高校思想政治教育内容创新研究[D]. 齐齐哈尔: 齐齐哈尔大学, 2014.

[22] 王洋. 比较视域下的中美大学生思想政治教育方法及其借鉴[D]. 成都: 西华大学, 2017.

[23] 周利华. 大学生思想政治教育对积极心理学理念与方法的借鉴研究[D]. 重庆: 西南大学, 2011.

[24] 马潘超. 大学生思想政治教育认同研究[D]. 锦州: 辽宁工业大学, 2017.

[25] 李文莉. 当代大学生爱国主义教育研究[D]. 苏州: 苏州大学, 2014.

[26] 刘辉. 道德认同、共情与受助者责任类型对利他行为的影响研究[D]. 济南: 山东师范大学, 2017.

[27] 孙梓毓. 德国高校政治教育对我国高校思想政治教育的启示及借鉴[D]. 武汉: 武汉工程大学马克思主义学院, 2014.

[28] 任瑾钰. 杜威道德教育思想及其对中国高校思想政治教育的借鉴[D]. 大庆: 东北石油大学, 2013.

[29] 张昱洋. 构建和谐医患关系的伦理思考[D]. 曲阜: 曲阜师范大学, 2013.

[30] 张文博. 新加坡公民教育对我国思想政治教育的借鉴研究[D]. 重庆: 重庆理工大学马克思主义学院, 2017.

[31] 马超. 国家治理现代化视域下思想政治教育功能转换研究[D].

长春: 吉林大学马克思主义学院, 2017.

[32] 李倩. 和谐医患关系视域下的医德教育研究[D]. 郑州: 河南中医学院思想政治理论教研部, 2014.

[33] 余伟芳. 日本学校生命教育及其借鉴[D]. 北京: 首都师范大学, 2014.

[34] 赵化刚. 马克思主义思想政治教育理论中国化探析[D]. 天津: 南开大学, 2009.

[35] 胡伊雯. 思想政治教育的社会认同问题研究[D]. 吉首: 吉首大学, 2013.

[36] 牟万新. 网络时代高校思想政治教育面临的挑战、机遇与对策[D]. 北京: 首都师范大学, 2002.

[37] 刘宇. 大学生对高校思想政治教育内容的认同程度研究[D]. 扬州: 扬州大学, 2016.

[38] 张宝萍. 当前新疆高校思想政治教育的内容与方法研究[D]. 兰州: 西北民族大学, 2015.

[39] 兰宏伟. 近十年大学生思想政治教育内容发展创新研究[D]. 长春: 东北师范大学, 2014.

[40] 彭玥. 中美高校思想政治教育内容的比较研究[D]. 牡丹江: 牡丹江师范学院, 2016.

[41] 刘娜. 中美高校思想政治教育内容和实施途径的比较研究及启示[D]. 秦皇岛: 燕山大学, 2015.

[42] 王雪. 中外学校思想政治教育内容与方法比较研究[D]. 长春: 吉林农业大学马克思主义学院, 2014.

[43] 耿文秀. 思想政治教育视域下医学生医学人文精神认知研究[D]. 沈阳: 辽宁中医药大学, 2015.

[44] 刘凡凡. 思想政治理论课融入医学生人文素养培育研究[D].

重庆: 重庆医科大学思想政治教育学院, 2017.

4. 报纸文献

[1] 李彬. 传播学研究及其中国化[N]. 中华新闻报, 2002-8 (24).

[2] 焦洋. 一位年轻医师眼中的美国医学人文教育[N]. 健康报, 2009-4-24 (3).

[3] 段永清. 我国社会主要矛盾变化最新表述的科学依据和重大意义[N]. 中国社会科学报, 2017-11-21 (1).